SYLVIA ENGLERT

Coole Texte schreiben und Autor/in werden

SYLVIA ENGLERT

Coole Texte

schreiben und Autor/in werden

Handbuch für junge Schreibtalente

Autorenhaus

Bitte besuchen Sie www.autorenhaus.de

Bibliografische Information der Deutschen Bibliothek
unter www.dnb.de abrufbar.

Die Autorin wird vertreten durch die Autoren- und Projektagentur
Gerd. F. Rumler (München).

Umschlagbild: Adobe
Buchdesign: Sigrun Bönold

Fünfte Auflage

ISBN 978-3-86671-125-9

Dieses Buch wurde auf chlor- und säurefreiem Papier gedruckt.

Druck und Bindung: CPI, Leck
Printed in Germany

Inhalt

Hallo!

Auf den ersten Blick ist es schon ein ziemlich seltsames Hobby: Man sitzt allein vor dem Computer oder dem Notizblock und hat das *Bitte nicht stören*-Schild an die Tür gehängt. Wenn die anderen wüssten, dass du in dieser Zeit neue Welten entwirfst, Menschen erschaffst, alle möglichen Abenteuer erleben lässt und vielleicht umbringst! Wenn die wüssten, dass du gerade Gefühle in Worte schmiedest …

Vielleicht findest du deine Texte manchmal nicht gut genug, vielleicht willst du gerne noch besser schreiben können. Glückwunsch, dann bist du hier richtig: In diesem Buch findest du einige der Tricks, mit denen Geschichtenerzähler und Dichter über Jahrhunderte hinweg gelernt haben, Zuhörer und Leser zu faszinieren. Es sind Dinge, die du im Deutschunterricht nicht erfahren wirst, die dir aber sehr wahrscheinlich als »Nebeneffekt« in Deutsch helfen werden: Wie macht man eine Geschichte spannend? Wie schreibt man coole Dialoge? Wie wird ein Gedicht unvergesslich? Wahrscheinlich hättest du das alles selbst auch irgendwann durch Ausprobieren herausbekommen, aber das hätte bestimmt länger gedauert. Wenn du dich hier über das Handwerkszeug der Profis informiert hast, kannst du darauf aufbauen und deinen eigenen Weg gehen.

Wahrscheinlich werden auf diesem Weg viele Fragen und auch ein paar Probleme auftauchen. Deshalb geht es in diesem Buch auch darum, wie man mit Schreibblockaden umgeht, sich Zeit zum Schreiben freibaggert, andere junge Autoren kennenlernt, mit Kritik umgeht und Deutschlehrer bändigt. Mein wichtigster Tipp ist: Lass dich von niemandem entmutigen und hab Spaß!

Wenn du eine Frage hast, die du hier nicht beantwortest findest, dann kannst du mir gerne schreiben. Am besten erreichst du mich per Mail unter *SylviaEnglert@web.de.*

Dieses Buch ist ursprünglich im Jahr 2001 unter dem Namen *Wörterwerkstatt* erschienen und war sogar für den Deutschen Jugendliteraturpreis nominiert. 2007 ist es im Autorenhaus Verlag neu herausgekommen. Doch anstatt es im Jahr 2015 einfach nachzudrucken, fanden mein Verleger und ich, dass es Zeit ist, das Buch von Grund auf zu erneuern – ich habe vieles umgeschrieben, Beispiele ausgetauscht, neue Trainingseinheiten und mehrere neue Kapitel eingefügt, zusätzliche Interviews mit jungen Autoren geführt und natürlich die Adressen durch aktuelle ersetzt. Dafür hatte sich das Buch einen neuen Titel verdient, fanden wir.

Viele Musenküsse wünscht Dir
Sylvia Englert

www.sylvia-englert.de (meine Autorenratgeber und Kinderbücher)
www.katja-brandis.de (meine Jugendromane)

Die vier Geheimnisse guter Autoren

Sie lesen viel

Die meisten Autoren haben knallvolle Bücherregale, stöbern regelmäßig in der Bibliothek und warten gespannt auf die Neuerscheinungen der Saison. »Ich glaube, man lernt unbewusst sehr viel, indem man liest«, meint die bekannte Kinder- und Jugendbuchautorin Cornelia Funke. Auch Autorin Eva Demski rät: »Was ich jedem jungen Autor empfehle, ist, dass er liest, und zwar möglichst viel, vor allem Weltliteratur. Er sollte sich nach oben orientieren, nicht damit er nachmacht, sondern damit er ein Gefühl für Sprache bekommt.« Doch auch aus schlechten Texten kann man lernen – nämlich wie man es *nicht* machen sollte. Deshalb lies ruhig alles, was dir in die Finger kommt. Querbeet.

Sie schreiben viel

Schreiben ist Übungssache, und mit jedem eigenen Text wird man ein kleines Stückchen erfahrener und besser. Jeder Schriftsteller, der das Schreiben ernst nimmt, reserviert sich eine bestimmte Zeit zum Schreiben und arbeitet regelmäßig an seinen Texten weiter. Die beste Strategie ist, nicht auf Inspiration zu warten, sondern einfach loszulegen!

Sie beobachten genau

Echt wirkende literarische Figuren setzen sich oft aus vielen Beobachtungen zusammen – von einem seiner Freunde hat der Autor eine bestimmte Geste »ausgeliehen«, dem anderen hat er eine bestimmte Sprechweise oder einen Ausdruck abgeschaut, von dem anderen die überschwängliche Art und die Vorliebe für alte BMWs und so weiter. Die meisten Autoren beobachten auch Fremde oder flüchtige Bekannte in ihrer Umgebung genau und bekommen, weil sie die Augen offenhalten, viele Situationen mit, die Stoff für eine Geschichte abgeben könnten.

Genaues Beobachten kann man trainieren. Fang mit deiner eigenen Familie an: Versuch deinen Vater, deine Tante oder deine Schwester mal so zu sehen, als hättest du sie eben erst kennen gelernt. Wie reden sie im Vergleich zu anderen? Welche Gesten machen sie beim Sprechen? Haben sie einen Lieblingsausdruck? Wie kleiden sie sich? Wie könnte man ihren Gang und ihre Haltung beschreiben? Haben sie einen bestimmten Gegenstand oft dabei?

Sie haben ihr Genre gefunden

Krimi, Thriller, Historischer Roman, Fantasy, Liebesroman und so weiter sind Beispiele für Genres. Viele Schriftsteller probieren mehrere Genres und Textarten wie Romane und Kurzgeschichten (der Fachausdruck dafür ist Prosa), Gedichte oder Drehbuch aus, finden aber dann eine literarische Form, in der sie ihre Fähigkeiten am besten entfalten können. Oft schaffen sie den Durchbruch erst, wenn sie »ihr« Genre gefunden haben. So war es zum Beispiel bei Bernhard Schlink – er produzierte erst mehrere Krimis, die fast völlig unbeachtet blieben. Dann schrieb er zur Abwechslung einen realistischen Roman (*Der Vorleser*) und landete damit einen Weltbestseller. Terry Pratchett mit seinen wunderbar schrägen Fantasy-Geschichten wäre als Autor von Liebesromanen wahrscheinlich ein Flop gewesen.

Wenn du herausfinden willst, was für dich das beste Genre oder die beste Textart ist, dann achte doch einfach mal darauf, was du am häufigsten liest oder was dich am meisten reizt. Probiere ruhig mal verschiedene Genres – vom Krimi bis zur Liebesgeschichte – und Textarten wie Kurzgeschichte, Lyrik oder Hörspiel aus. Auch deine Stärken und Vorlieben sind wichtig: Hast du eine verrückte Fantasie und interessierst dich für Technik? Vielleicht wäre Science Fiction etwas für dich. Interessierst du dich für Geschichte, könntest du es mit einer Erzählung vor einem historischen Hintergrund versuchen. Wenn du das, was du schreibst, meist in Bildern vor dir siehst, dann wärst du vielleicht ein total guter Drehbuchautor oder – jetzt nicht aufschreien! – wie wär's mal mit einem Bilderbuch für Kinder? Wenn du gerne malst und zeichnest, kannst du die Geschichte selbst illustrieren. Wenn du unheimlich gerne Dialog schreibst, dann sind vielleicht Theater oder Hörspiel für dich ideale Textarten.

Geschichten erzählen

Deine Handlung: Gute Geschichten »liegen auf der Straße«

Weißt du schon, wovon deine Geschichte handeln soll? Wenn du Lust hast, eine Story zu schreiben, die in New York, dem London einer fernen Zukunft oder im Mittelalter spielt – nur zu! Oder möchtest du eine magische Reise schildern wie Kerstin Gier in *Rubinrot* und den anderen Bänden ihrer »Edelstein«-Trilogie? Kein Problem. Aber wenn du realistisch schreiben willst, dann am besten über etwas, das du kennst. Man merkt es einem Text an, ob der Verfasser über das Bescheid weiß, worüber er schreibt. Schau dich einfach mal in deiner Umgebung um, denn du bist von guten Storys umgeben. Die Zeitung ist voll von Ideen und Inspirationen. Viele Romane und Erzählungen hatten als Keim eine kurze Zeitungsmeldung, die die Fantasie der Autorin oder des Autors zu der Frage angeregt hat: »Was könnte wirklich passiert sein?« oder »Warum ist das passiert?« oder »Was sind oder waren das für Menschen?«.

Auf den Straßen deiner Stadt ist eine ganze Menge los, und wenn nicht, dann kannst du ja über jemanden schreiben, der dagegen rebelliert, dass so wenig los ist. »Draußen sind die aberwitzigsten Geschichten, du musst nur rausgehen«, meint der bekannte Autor Uwe Timm. »Die eigene Familie eignet sich hervorragend. Darin gibt es Schwierigkeiten, wunderbar eigenwillige Menschen, Erlebnisse. Das ist spannend!« Auch was in Schulen, Clubs und Feriencamps so alles geschieht, eignet sich für Geschichten, ob abgründig oder romantisch.

Wenn du Themen aus deinem Leben für eine Geschichte aufgreifst, dann ist es für den Text besser, wenn du ihn ein bisschen verfremdest, also wenn die Person anders heißt und aussieht als du und sie ihre eigene Persönlichkeit hat. Lass ruhig die Fantasie auf die Wirklichkeit los, damit das Erlebnis zur »Story« wird: Da war zum Beispiel deine Rivalität mit diesem Typen im Basketballverein, die dann doch irgendwie im Sande verlaufen ist, weil der andere die Schule gewechselt hat. Wenn es spannender wäre, dass du daraus ein psychologisches Duell machst, das sich am Schluss in offenen Kampf oder sogar in Freundschaft auflöst, dann schreib es doch einfach so. Das Argument »So ist es aber gewesen / nicht gewesen!« ist beim Geschichtenerzählen unwichtig, außer du schreibst einen Tatsachenbericht oder deine Autobiografie.

Oft schreibt man auch Geschichten oder auch Gedichte, um Dinge zu verarbeiten, die man erlebt hat, oder weil es einem nicht gut geht. Auch bei Uwe Timm, der mit zwölf Jahren anfing zu schreiben, war das der Auslöser: »Ich habe immer wieder geschrieben, weil ich Probleme mit meinem preußisch-autoritären Vater hatte, weil ich massive Probleme mit der Schule und mit Freunden hatte … Was dabei herauskam waren Tagebucheinträge, Aufsätze, aber auch immer wieder erfundene Geschichten.«

Wenn man sehr persönliche Texte anderen zu lesen gibt oder versucht, sie zu veröffentlichen, muss man Mut mitbringen. Du gehst das Risiko ein, dass du verletzt wirst, wenn diese Arbeiten bei den Lesern nicht so gut ankommen. Überleg dir gut, ob bestimmte Texte nicht besser im **Tagebuch** oder in der (abschließbaren) Schublade aufgehoben sind. »Ich habe immer Tagebuch geschrieben«, erzählt Bettina Hübner, die mit 14 Jahren anfing, Märchen und Kurzgeschichten zu verfassen und viele Jahre lang beim »Kinder-Jugend-Schreibring« in Halle mitmachte. »Tagebuch war für Dinge, die mit dem Alltag zu tun hatten, bei denen ich das Gefühl hatte, ich muss etwas jetzt unbedingt loswerden. Das andere, was ich geschrieben habe, war dann schon ein Stück weggerückt von mir und ich habe aus den Ereignissen richtige Geschichten gemacht.«

Doch zurück zu der Handlung oder dem Plot, wie Autoren es nennen. Wenn du dir nicht sicher bist, ob deine Story wirklich so interessant ist oder ob es sie schon als Buch gibt, dann »teste« sie doch einfach mal bei Freunden und Bekannten, bevor du mit dem Schreiben anfängst. Vielleicht ergeben sich daraus sogar ein paar gute Ideen. Wenn du dir in der Bücherei ähnliche Bücher besorgst, dann bekommst du schnell ein Gefühl dafür, wie Profis solche Geschichten anpacken.

TRAINING

Versuch, einen **Klappentext** für deine Geschichte/deinen Roman zu schreiben. Wenn du gezwungen bist, deine Story in vier bis fünf Sätzen zusammenzufassen, findest du leichter den Kern, die zentrale Idee. Denn der Leser will, wenn er eine Geschichte liest, als allererstes herausfinden: »Worum geht es da eigentlich?« und ist frustriert, wenn er es nicht so recht begreift.

Sehr nützlich finden die meisten Autoren eine Art **Projektbuch**, das sie als Ideen-Steinbruch für neue Texte verwenden können. Darin sammeln sie zum Beispiel

- Ideen und Gedanken
- einzelne Sätze oder Szenen, die sie sich selbst ausgedacht haben oder die ihnen in Büchern von anderen Autoren besonders gut gefallen haben
- spontane Gedichte
- Eindrücke und kurze Beschreibungen
- mögliche Namen für ihre Figuren oder Titel für ihr Manuskript
- Dialogfetzen, die sie von den Plätzen neben sich in der U-Bahn oder in der Kneipe aufgeschnappt haben
- Zeitungsausschnitte von interessanten Fällen

… und alles andere, was ihnen sonst noch so einfällt. So ein Projektbuch (am besten eignen sich kleine Ringbücher oder gebundene Notizbücher) solltest du dir auch anlegen und am besten überall mitschleppen. Wenn dir ein interessantes Thema einfällt, dann kannst du es gleich notieren. »Gleich« sage ich deshalb, weil man besonders gute Einfälle oft im Halbschlaf hat, und sie fast immer vergisst bis zum nächsten Morgen. Suchst du mal wieder nach einer Eingebung, dann blätterst du dein Projektbuch durch.

Spannung ist den meisten Lesern wichtig. Worüber du auch schreibst: Wenn du willst, dass deine Leser am Ball bleiben, dann achte darauf, dass genügend Konflikte in deiner Geschichte sind. Es braucht nicht unbedingt viel zu passieren, denn reine »Action« kann auch ganz schön langweilig sein. Schon wieder fliegt irgendwo ein Auto durch die Luft oder findet irgendwo eine Schießerei statt? Gähn! Konflikt dagegen ist, wenn der Police Detective von seinem kriminellen Gegenspieler, der ihm immer einen Schritt voraus zu sein scheint, fast zur Verzweiflung getrieben wird. Wenn ein Mädchen, das gerade entdeckt hat, dass sie schwanger ist, durch die Straßen irrt und sich fragt, was jetzt werden soll und vielleicht sogar an Selbstmord denkt. Wenn ein Junge sich in die Freundin eines guten Kumpels verliebt. Oder wenn – wie im Roman *Jack* von A. M. Holmes – der Held herausfinden muss, dass sein Vater schwul ist und sich von seiner Mutter getrennt hat, um mit einem anderen Mann zusammen zu leben. Nicht nur das muss Jack verdauen, sondern auch, dass in der Schule alles bekannt wird und er sich den Spitznamen »Schwulenbaby« einfängt.

»Ich kann eine Figur auch einfach nur auf einem Stuhl sitzen lassen, aber dann muss ein innerer Konflikt da sein, damit es spannend ist, dass er einfach nur dasitzt«, erklärt der Autor Mario Giordano. »Dann muss ich erwarten, dass er überlegt, stehe ich jetzt auf und erschieße meinen Gegner oder bleibe ich hier sitzen und warte, bis er mich erschießt.«

Ein paar nette Tricks, um Spannung – reale oder psychologische – zu erzeugen:

- Der Held oder die Heldin wünscht sich etwas ganz verzweifelt, aber Hindernisse türmen sich vor diesem Ziel auf.
- Die Pläne von Held oder Heldin werden durchkreuzt. O Gott! Was tun?
- Ganz klassisch: Das Rennen gegen die Zeit. Nur 48 Stunden. Oder nur eine Woche. Der Leser fiebert mit.

- Wenn irgendwo eine Bombe explodiert, ist das eine Überraschung. Wenn der Zuschauer weiß, dass die Hauptfigur eine Bombe mit sich herumträgt, ohne es zu wissen, dann ist das Spannung. (Ich wünschte, dieser Spruch wäre von mir. Leider hat es Alfred Hitchcock schon vorher gesagt.)
- Zwischen deinen Hauptpersonen gibt es vermeidbaren Streit oder Missverständnisse, sie verpassen sich knapp, sie stehen sich selbst im Weg. Der Leser ist vielleicht der einzige, der die Situation ganz durchschauen kann, und möchte die Hauptperson am liebsten in den Hintern treten: Mach das doch endlich, du Trottel!

Wenn du feststellen willst, ob dein Text Lust aufs Weiterlesen macht, gibt es eine ziemlich einfache Probe. Denk dich mal auf die andere Seite, auf die des Lesers. Gut ist es, wenn dein Leser sich an jeder Stelle des Manuskripts irgendeine Frage stellen muss: Findet Katharina den Zauberring? Wie wird Jonas damit fertig, dass der Typ aus der anderen Klasse ihn erpresst? Was ist in dem geheimnisvollen Kästchen, das Mia im Wald gefunden hat? Trauen sich Leon und Josefine endlich, einander ihre Liebe zu gestehen? Solange du solche **inneren Fragen** in deinem Text hast, braucht äußerlich nichts Dramatisches zu passieren. Gibt es sie nicht, dann muss dein Text durch seine wunderbare Sprache oder seinen Witz überzeugen.

TRAINING

Analyse! Denk an ein Buch zurück, das du besonders magst, und versuch festzustellen, warum es so interessant oder spannend ist und wie der Autor oder die Autorin das hinbekommen hat. Aber du kannst es natürlich auch umgekehrt machen. Du hast gerade ein total langweiliges Buch gelesen – warum war es eigentlich langweilig? Welche Konflikte oder inneren Fragen hätte man einbauen können?

Deine Figuren: Abziehbilder gegen den Strich bürsten

Deine Hauptpersonen, die »Helden« und »Heldinnen« (man nennt sie auch Figuren oder **Protagonisten**) sind das Herz und die Seele deiner Geschichte. Das kennst du wahrscheinlich auch aus manchen Büchern: Sind die Menschen darin blass, langweilig oder oberflächlich, verliert man schnell das Interesse, auch wenn die Story gar nicht so übel ist. Es ist einem egal, welche Schwierigkeiten die Hauptfigur hat, weil man sie sowieso nicht überzeugend findet. Ist die Hauptfigur dagegen sympathisch und kann man sich in sie hineinversetzen, dann fiebert man mit ihr und drückt ihr die Daumen.

In schlechten Büchern oder Filmen sind die Figuren nur Abziehbilder: der coole Geheimagent, die dumme blonde Friseuse, die Karrierefrau. Um solche **Klischees** (man nennt sie auch »Stereotype«) sollte man in seinen eigenen Texten einen Bogen machen. Die Ausnahme ist natürlich, wenn du es so stark übertreibst, dass deine Leser sofort merken, dass du es nicht ernst meinst.

Häufig sind lieblos entworfene Romanfiguren »eindimensional«: So bezeichnet man eine Figur, wenn sie nur ganz wenige Merkmale und Eigenschaften vom Autor mitbekommen hat und eigentlich auf eine Funktion beschränkt ist: Der Schlägertyp komplett mit Stiefeln und Tätowierungen, die bebrillte Streberin, der Hausmeister mit Besen und grauem Kittel. Du kannst solchen Figuren trotzdem jede Menge guter Effekte entlocken, wenn du sie sozusagen »gegen den Strich bürstest«, das Klischee umdrehst, oder der Person eine interessante **Vorgeschichte** gibst. Die blonde Friseuse ist vielleicht hochintelligent und verdient sich im Geschäft ihrer Eltern gerade das Geld für ihr Physikstudium, der Schlägertyp ist eigentlich ein ganz sensibler Mensch und versucht nur, möglichst taff zu erscheinen. In Wirklichkeit schreibt er heimlich Gedichte. Auch die »Streberin« muss nicht langweilig sein, vielleicht ist sie eine Diplomatentochter, die in Afrika aufgewachsen ist und dort einiges erlebt hat, bevor sie an der Vorortschule in Hannover gelandet ist? Und der Hausmeister ist womöglich ein ehemaliger Stasi-Agent, der dummerweise enttarnt wurde und keinen anderen Job mehr bekommen konnte …

Genauso wie mit den Standard-Personentypen ist es mit guten und bösen Figuren. Es geht nichts über einen wirklich guten Schurken, aber in der Wirklichkeit findet man solche Gestalten nur ganz selten. Die meisten Menschen sind in sich widersprüchlich und haben gute *und* schlechte Seiten, von denen sich mal die eine, mal die andere durchsetzt. Wenn jemand sich mies verhält, hat das meist einen Grund. Wenn du also eine Unterhaltungsgeschichte schreiben willst, dann ist absolut nichts dagegen zu sagen, dass du einen **Bösewicht** und einen **Helden** auftreten lässt. In einer realistischen Geschichte dagegen ist Schwarz-Weiß-Malerei nicht so gefragt, da geht es um die Motive und Gefühle ganz normaler Menschen. Aber **Gegner** (Antagonisten) kannst du trotzdem einbauen, um die Spannung zu steigern – denn sicher gibt es jemand, der ganz andere Ziele und Interessen hat als deine Hauptfigur.

Wenn man glaubwürdige, interessante, also »**mehrdimensionale**« **Figuren** schaffen will, muss man sich eine Weile mit ihnen beschäftigen und ihnen ein Äußeres, ein Innenleben und eine Vorgeschichte geben. So macht es auch die Autorin Cornelia Funke: »Ich bereite meine Texte ganz genau vor und lebe auch erstmal ein paar Wochen mit den Figuren, ehe ich anfange – dann geht das Schreiben flüssig. Bei *Drachenreiter* war es so, dass ab Seite 150 die Figuren die Handlung übernahmen, die machten plötzlich vollkommen andere Sachen als ich das erwartet habe. Ich war oft überrascht, und das war sehr aufregend.«

Über deine wichtigsten Figuren solltest du wissen:

- Wo kommen sie her, welchen Hintergrund haben sie? Sind sie im Hochhausviertel aufgewachsen oder dort, wo die prächtigen Villen stehen? Wie sind sie damit klargekommen? Was sind ihre Eltern für Menschen? Haben deine Figuren Geschwister, und wie verstehen sie sich mit ihnen?
- Wofür interessieren sie sich, was sind ihre Träume oder Wünsche? Wovor haben sie Angst? Wie sehen ihre Zukunftspläne aus?
- Was für Persönlichkeiten sind sie? Verträumt, ein bisschen vorlaut, fröhlich-chaotisch …?

- Wie sehen sie aus? Wie sprechen sie, wie bewegen sie sich, wie ziehen sie sich an?
- Wer sind ihre Freunde – haben sie viele oder gar keine? In wen sind sie verliebt? Wer ist ihr großes Vorbild oder ihr Idol?
- Wer sind ihre Feinde? Wen können sie nicht ausstehen, wen hassen Sie?
- Was mögen sie, was nicht? Welche Musik hören sie? Was machen sie in ihrer Freizeit?
- Welche besondere Gegenstände tragen sie mit sich herum oder besitzen sie? Hat dein Schurke immer ein vergoldetes Handy in der Jackentasche, hat deine Heldin ein Feuerzeug in Froschform, mit dem sie herumspielt, wenn sie nervös ist?
- Welche kleine Macken und Angewohnheiten haben sie?

Gerade die kleinen Details sind wichtig, wenn du eine Figur erschaffst, denn sie machen sie erst richtig lebendig. So wie Spock aus den alten *Star Trek*-Filmen: Sein »Faszinierend!« mit leicht hochgezogener Augenbraue war berühmt. Am besten gibst du jeder Figur ihre ganz eigenen Angewohnheiten, Sprechmarotten, Ticks, typischen Bewegungen.

Stefanie Link, 16, hat schon ein halbes Dutzend Romane unter Pseudonym geschrieben. »Für meine Figuren nehme ich oft einen bestimmten Anfangspunkt«, erzählt sie. »Wenn die Person unter diesen Umständen aufwächst und lebt, wie müsste sie dann wahrscheinlich sein? Woran ist sie gewöhnt und wie reagiert sie also in bestimmten Situationen? So entsteht in meinem Kopf ein klarer Charakter, den ich wiedergebe und der sich im Laufe der Geschichte weiterentwickelt aufgrund von Erfahrungen, Gedanken und neuen Bekanntschaften, die er in der Story macht.«

Natürlich ist die Versuchung groß, Menschen, die du kennst, als **Vorbilder** zu nehmen und nur die Namen auszuwechseln. Das ist in der Literatur auch gar nicht selten. Damit riskierst du allerdings, dass sich später in deinem Text jemand wiedererkennt und vielleicht nicht so begeistert davon ist. Profis schreiben zur Sicherheit vorne ins Buch, dass Personen und Geschehnisse garantiert frei erfunden sind. Manchmal wissen alle Beteiligten genau, dass das nicht stimmt. Sicherer ist es deshalb, wenn du deine Figuren verfremdest.

Wenn du dir alle diese Einzelheiten über deine Figuren überlegt hast, dann wirst du merken, dass es nun viel einfacher ist, deine Geschichte zu schreiben. Du wirst wissen, wie deine Heldin sehr wahrscheinlich reagieren wird, wenn sie auf der Straße von einem schmierigen Typen dumm angemacht wird – wird sie erschrecken und ängstlich schneller gehen, wird sie mit einem frechen Spruch kontern oder ihren neusten Karateschlag an ihm ausprobieren? Wenn du eine Figur etwas tun lassen willst, das ihr eigentlich nicht ähnlich sieht, dann musst du dem Leser schon überzeugend erklären, welche Gründe sie dafür hat. Sonst fällt der Widerspruch auf, und deine Figur ist nicht glaubwürdig.

Es ist eine Kunst, eine **Figur im Text zu charakterisieren**, also dem Leser möglichst schnell zu vermitteln, was für ein Mensch diese Lena, dieser Ben, dieser Herr Weidenknecht ist. Aber es ist eine Kunst, die man lernen kann.

Dabei gilt: **Zeigen, nicht erzählen!** Wenn ein Junge ständig den Witzbold spielt, das aber mehr aus Unsicherheit macht und weil er Anerkennung finden will, dann sag es dem Leser nicht einfach. Zeig den Jungen sozusagen »in Action«. Schreib eine Szene, in der dumme Witze reißt und die Lehrer ärgert, während seine Klassenkameraden vor Lachen unter den Tischen liegen. Aber wenn die anderen nachher zusammen weggehen, bleibt er allein und ein wenig hilflos zurück.

Am besten charakterisiert man durch Dialoge und durch Taten. Hier ein Beispiel aus dem Buch *Der Prinz und der Bottelknabe oder Erzähl mir von Dow Jones* von Kirsten Boie, einer Verwechslungsgeschichte der beiden Doppelgänger Kevin und Calvin, der eine arm, der andere reich:

> »Du siehst ja vielleicht aus!« sagte Jacqueline, als sie mir die Tür aufmachte. Offenbar war sie gerade von ihrem Friseur zurückgekommen. Sie duftete noch immer wie eine ganze Budnikowsky-Filiale. »Irgendwas passiert?«
>
> »Nee, alles okay«, sagte ich und ließ meine Plastiktüte auf den Boden fallen. … »Ich hab mir eine Levi's gekauft.«

Jacqueline tippte sich gegen die Stirn. »Von was?« fragt sie und war schon an der Tüte.

»*Wovon*«, sagte ich. »Vom Zeitungsgeld. Die war runtergesetzt auf die Hälfte.«

Jacqueline hielt die Hose in die Luft und inspizierte sie mit sachkundigem Blick. »Geil!« sagte sie. »Total gut. Du hast wohl den Arsch offen, was? Vom Zeitungsgeld! Das gibt Hiebe.«

»Wieso nicht?«, sagte ich und schnallte ihr die Hose weg. »Ist schließlich mein Geld.«

Jacqueline zog den Mundwinkel hoch. »Na, da wird Mama ja staunen«, sagte sie. »Dass das neuerdings dein Geld ist«, und sie drückte auf die Fernbedienung. Auf dem Bildschirm erschienen nacheinander fünf verschiedene Serien, bis Jacqueline endlich bei VIVA war. »Sie muss das Telefongeld noch bezahlen.«

»Was?«, sagte ich, aber Jacqueline wiegte ihren Oberkörper schon im Takt der Musik.

In einer kurzen Szene hat Kirsten Boie nicht nur Jacqueline und die soziale Situation der Familie charakterisiert, sondern auch einiges über den Erzähler Calvin ausgesagt. Er ist gewohnt, sich mal eben eine Levi's leisten zu können, und hat nicht wahrgenommen, dass sein selbstverdientes Geld in der Familie dringend gebraucht wird. Außerdem hat er die bessere Bildung und ist so arrogant, es zu zeigen.

TIPP

Geh so nah ran an deine Figuren wie möglich, denke mit ihrem Kopf, blicke durch ihre Augen, erzähle mit ihrer Zunge! Wenn du deine Hauptfigur im Text manchmal »der Junge« oder sogar »der 15-jährige« Junge (oder so) nennst, dann schreibst du in diesem Moment *über* diesen Jungen, aber nicht aus seiner Sicht. Verwende stattdessen besser seinen Namen.

Gut ist, wenn die Hauptpersonen nicht die ganze Geschichte hindurch gleich bleiben, sondern eine **Entwicklung** durchmachen. Je mehr man erlebt, desto mehr verändert man sich auch. Das gilt auch für Figuren in Geschichten. Ein Beispiel: Zu Anfang der Erzählung ist die Heldin ziemlich still und lässt sich von einer Anmache völlig einschüchtern. Dann findet sie eine Freundin, die ganz anders ist, viel frecher, genauso wie es die Heldin selbst gerne wäre. Die beiden ziehen gemeinsam herum und erleben alles Mögliche, die Freundin ermutigt sie, zu sagen, was sie denkt und für sich selbst einzustehen. Zum Schluss ist die Heldin selbstbewusster geworden. Als sie mal wieder in der U-Bahn angemacht wird, erlebt der Typ sein blaues Wunder!

Wenn du eine Figur aufwändig einführst, dann sollte sie im weiteren Verlauf der Geschichte auch wichtig werden oder zumindest später noch mal auftauchen. Genauso ist es übrigens mit Gegenständen: Wenn in einem Krimi eine ganze Wand voller antiker Waffen hängt, dann wäre es ziemlich enttäuschend für den Leser, wenn sie im Laufe der Handlung nicht für einen Mord benutzt werden würden. Umgekehrt wäre es verwirrend, wenn dein Held in der Mitte einen wichtigen Gegenstand benutzt, der vorher nie erwähnt wird und von dem der Leser nicht wusste, dass er existiert. Wichtige Entwicklungen in der Story sollte man also vorbereiten.

Zum Schluss dieses Abschnitts noch eine wichtige Frage: Magst du die Figuren in deiner Geschichte? Wenn sie dir, dem Autor oder der Autorin, egal sind, dann wird es dem Leser wahrscheinlich ähnlich gehen. Also entwerfe Figuren, die dir sympathisch sind, oder (wenn sie zu den »Bösen« gehören) die du richtig abstoßend findest.

Struktur und Perspektive: Die Trickkiste des Story-Baus

Eine Handlung und Figuren hast du jetzt vielleicht – nun musst du entscheiden, *wie* du die Geschichte erzählst. Willst du in Gegenwart oder Vergangenheitsform schreiben? Soll es eine Ich-Erzählung sein? Womit willst du anfangen? Welche Teile der Geschichte willst du besonders hervorheben?

Ein Text hat nicht nur einen Anfang, eine Mitte und einen Schluss. Seine unsichtbare **Struktur** besteht unter anderem aus einer Einführung und mehreren Höhepunkten. Am Anfang stellt man die Personen vor, indem man den Leser zuschauen lässt, was sie so machen und was sie so reden. Man erzählt einfach ein bisschen über sie, bevor man sie richtig in die Handlung hineinwirft. Dann spitzt man die Geschehnisse zu, alles wird immer schwieriger und komplizierter und verzweifelter, bis der Konflikt sich schließlich löst. Das kennst du bestimmt aus Filmen – der alles entscheidende Kampf, der **Showdown**, kommt meist zum Schluss. Indem du vorher ein paar Konflikte einbaust und die Auflösung hinauszögerst, hältst du den Leser bis zum Schluss bei der Stange.

Wenn du es langweilig findest, am Anfang vieles erklären zu müssen, kannst du auch einen beliebten Trick benutzen: Du setzt eine spannungsgeladene Szene (nicht zu verwechseln mit einer Action-Szene!) an den Anfang und erzählt dann in Form einer **»Rückblende«** weiter. Das heißt, du springst in die Vergangenheit, rollst die Geschichte von dort aus auf und erzählst, wie es zu dieser Szene gekommen ist und wie es weitergeht. So macht es zum Beispiel Alice Gabathuler in ihrem Thriller *Matchbox Boy* – in der Gegenwart (Herbst) wird die Hauptfigur Jorina von einem unbekannten Jungen gefangen gehalten, er will Rache, er will, dass Jorina bereut, was sie und ihre Freundinnen getan haben und lässt immer wieder die Internetgemeinde abstimmen, was mir Jorina geschehen soll. In der Haupthandlung (Rückblick zum Sommer) erfährt man, wie es überhaupt dazu kommen konnte, worauf man natürlich neugierig ist. Drei reiche und hübsche Girls lungern am Pool herum und tyrannisieren, weil ihnen langweilig ist, den Aushilfsgärtner auf immer fiesere Art. Dann ist er plötzlich verschwunden, und jemand droht, ihre intimsten Geheimnisse im Internet zu verraten. Schon bald tobt im Netz und in ihrer Schule der Mob, und Jorina muss um ihren Ruf und ihre Selbstachtung kämpfen. Gekonnt wechselt Gabathuler immer wieder zwischen diesen beiden Erzählsträngen hin und her und steigert dadurch die Spannung bis zur Auflösung am Schluss.

Mit Hilfe von Rückblenden kannst du zwei Geschichten erzählen – einmal die, die in der »Gegenwart« spielt, und eine, die davon handelt, was in der Vergangenheit mit deinen Personen geschehen ist. Das macht man besonders dann, wenn die Vorgeschichte – bestimmte Ereignisse in der Kindheit oder Jugend der Hauptfigur zum Beispiel – wichtig ist, man sie aber nicht lang und breit am Anfang erklären will. Sonst könnte es ja bis zur Hälfte des Buches dauern, bis die eigentliche Handlung losgeht.

Mit Rückblenden sollte man vorsichtig umgehen – im schlechtesten Fall zerstückeln sie die Handlung oder sind langweilig so dass der Leser sie ungeduldig überblättert. Frag dich immer: Brauche ich diese Rückblende wirklich oder könnte ich sie genauso gut weglassen? Achte darauf, dass du auch in den Rückblenden innere Fragen oder Konflikte sind, damit sie genauso interessant sind wie die Haupthandlung. Sie sollten nicht nur dazu dienen, Informationen zu vermitteln.

Während eine Kurzgeschichte meist nur ein einziges Geschehnis, eine Momentaufnahme schildert, arbeiten Autoren in längeren Romanen oft mit **»Parallelhandlungen«.** Das sind verschiedene Erzählstränge, die jeder einen eigenen Held oder eine eigene Heldin haben. Diese Storys laufen nebeneinander, haben aber irgendwie miteinander zu tun. Nach einer gewissen Zeit verflechten sich die Erzählfäden dann, die Personen aus den verschiedenen Geschichten treffen sich, verlieben sich, bringen sich um, gehen zusammen auf eine Reise, was auch immer. Manchmal sagt man auch einfach »ein Roman wird aus **mehreren Perspektiven** erzählt«, damit sind die unterschiedlichen Personen gemeint. Jede hat ihre eigene Sichtweise, also ihre »Perspektive«.

Ein Beispiel für Parallelhandlung ist Mirjam Presslers Buch *Kratzer im Lack*. Ein Teil des Buches wird aus der Perspektive des 14-jährigen Herbert erzählt, der in der Schule »Ratte mit Brille« und zu Hause »Versager« genannt wird. Jeweils abwechselnd kommt die alte Frau Kronawitter zu Wort, in deren Laden Herbert immer Süßigkeiten kauft. Erst nachdem die Autorin beide Figuren in ihrer Welt gezeigt hat, verflechten sich die Geschichten der beiden Menschen – nämlich, als Frau Kronawitter mitbekommt, wie Herbert mit seinem neuen Messer Autos zerkratzt. Sie will ihm helfen, mit ihm reden.

Wenn du eine Parallelhandlung wählst, dann achte darauf, dass man nach jedem Wechsel von der einen in die andere Geschichte schnell mitbekommt, »wo« man gerade ist. Am besten benutzt du in den ersten Zeilen des neuen Abschnitts den Namen der Person, deren Leben jetzt gerade Thema ist.

Welche **Perspektive** (im Sinne von Sichtweise/Erzählweise) willst du für deinen Text benutzen? Du hast sicher schon jede Menge Bücher gelesen, die in der **Ich-Erzählung** (auch Erste Person genannt) geschrieben worden sind. Man kommt sich so vor, als säße man im Kopf eines anderen Menschen, man sieht alles durch seine Augen, man weiß nur, was er weiß. So kann man als Leser ungeheuer schnell in eine Figur hineinschlüpfen, man »identifiziert sich mit ihr«, man fühlt mit. Wenn du als Autor oder Autorin diese Form einsetzt, ist es am Anfang vielleicht dein eigenes Ich, das erzählt. Nach einer Weile wirst du entdecken, wie viel Spaß es macht, sich in jemand anders hineinzuversetzen und denjenigen dann in Ich-Form erzählen zu lassen. Man kommt der Person ganz schön nah auf diese Art. Es braucht ja nicht mal eine Person zu sein – wieso lässt du nicht mal deinen Goldfisch oder eine Parkbank erzählen?

Die anderen Wahlmöglichkeiten, die sich in der Literatur allmählich entwickelt haben, sind, in der »**dritten Person**« oder aus der Perspektive eines allwissenden Erzählers zu schreiben. Dritte Person klingt etwa so wie in dieser Passage aus dem Roman *Erebos* von Ulrike Poznanski:

> Wer hatte ihn verraten? Wer hatte das verfluchte Tablettenfläschchen aus dem Müll geholt? Nick hatte niemanden gesehen, aber er hatte auch nicht darauf geachtet, ob ihm außerhalb der Schule jemand gefolgt war.
>
> *Ich Idiot.* Irgendein Spieler musste ihm nachgeschlichen sein. Hatte wahrscheinlich als Belohnung jede Menge Gold erhalten oder ein zusätzliches Level. Trotzdem. Der Bote konnte nicht

beweisen, dass Nick die Erfüllung des Auftrags verweigert hatte. Er konnte ihn doch nicht ohne Beweise rausschmeißen! Es war noch keinen Tag her, dass er gesagt hatte, Nicks Avatar Sarius wäre ein Kandidat für den Inneren Kreis.

Der Gedanke tat weh. Morgen war doch der Arenakampf! Er wollte, er musste dabei sein. Das würde ihm auch gelingen, er musste nur eine Gelegenheit finden, mit dem Boten zu sprechen und das Missverständnis aufzuklären.

Meist schreibt man in der dritten Person so, dass der Haupterzähler nur das weiß, was in seinem eigenen Kopf vorgeht. Gedanken, die ihm durch den Kopf gehen, kannst du entweder berichten (wie hier im größten Teil des Texts) oder sozusagen »live«, wie das *Ich Idiot* im Beispiel. Solche **Live-Gedanken** schreibt man meist in Ich-Form und in Gegenwart. Besonders hübsch sieht es aus, wenn man sie kursiv setzt. Die Autorin hätte auch »dachte Nick« oder etwas ähnliches dazuschreiben können, doch nötig war das nicht.

Du kannst, wie schon erwähnt, zu der Perspektive von anderen Personen übergehen – zum Beispiel erzähle ich meinen Roman *Ruf der Tiefe* abwechselnd aus der Sichtweise von Leon (einem jungen Tiefseetaucher) und Carima (einem Mädchen von »oben«). Daraus ergibt sich eine Spannung, weil die beiden so unterschiedlich sind und die gleiche Situation deshalb oft ganz anders wahrnehmen. Außerdem ahnt Carima natürlich nicht, was Leon wirklich von ihr denkt und umgekehrt!

Du kannst in einer einzigen Szene auch mehrere verschiedene Sichtweisen einbringen. In seinem berühmten Roman *Dune – Der Wüstenplanet* schildert Frank Herbert beispielsweise ein formelles Dinner und begibt sich dabei auf einen Streifzug durch die Köpfe der Teilnehmer, man erfährt bei einem nach dem anderen, was er/sie denkt, wie er/sie Gesagtes interpretiert und dabei ist, Intrigen zu spinnen. Natürlich hätte er dieses Dinner auch aus der Perspektive seiner Hauptfigur Paul Atreides schildern können, aber so ist es noch faszinierender. Weil der Leser mehr weiß als Paul und um ihn und seine Familie fürchten muss.

TIPP

Achtung, ganz kurze **Perspektivwechsel** verwirren und irritieren den Leser eher. Besser, du erzählst mindestens eine halbe Seite lang aus einer Perspektive, bevor du wieder wechselst.

Diese Vielzahl von Sichtweisen nennt man den »**allwissenden/auktorialen Erzähler**« – er hat den großen Überblick, wenn er auch unsichtbar bleibt. Er kann wie eine Art Gott jedermanns Gedanken lesen und dem Leser auch zwischendurch Kommentare zukommen lassen, die von keiner Person in der Geschichte stammen. Diese (seltenere) Form des Erzählens hat beispielsweise Oliver Plaschka in seinem Fantasyroman *Das Licht hinter den Wolken* gewählt.

> Keine Geschichte beginnt ohne das, was zuvor passiert ist. Länder haben ihre Legenden, Völker ihre Mythen und Männer und Frauen ihre Erinnerung, die sie erst zu dem macht, was sie sind – und manchmal daran hindert, die zu werden, die sie sein wollen.
>
> Für April beginnt die Geschichte an einem Wintertag. Schneeflocken treiben durch die kristallklare Luft, wie Kirschblüten im Frühjahr. April, fast sieben und wie immer allein, rennt in ihrem Wollmantel über die alte Weide am Dorfrand, spürt Eichhörnchen nach oder malt Figuren in den Schnee. Sie hat nur wenige Freunde, und ihren Vater meidet sie, so gut sie kann. Der plötzliche und unerwartete Wintereinbruch ist eine willkommene Abwechslung.

Es ist klar, hier erzählt nicht April selbst, jemand erzählt etwas *über* sie. Und Plaschkas Erzähler gibt auch später immer wieder seine Kommentare ab: »Aus all diesen Gründen hätte sich April dem Fremden auf der anderen Seite des Zauns vielleicht besser nicht genähert.« Oder

»Sie ist ein blasses Kind mit strohblondem Haar und Augen, so hell wie die Steine im Fluss (später werden sie einen warmen Bernsteinton annehmen, und ihr Haar die Farbe von Sommerweizen).«

Vielleicht überraschst du deine Leser ja damit, dass du keine dieser Erzählformen wählst, sondern eine neue erfindest oder eine Mischung aus ihnen benutzt? Du kannst auch Ausschnitte aus (angeblichen) Zeitungsberichten, Flugblättern, Reden, Tagebuchnotizen oder was auch immer in deinen Text einfügen. Experimentieren ist erlaubt! Du kannst sogar mehrere Ich-Erzähler verwenden, aber dann solltest du jedesmal den Namen nennen, wenn der Erzähler wechselt.

Übrigens: Wahrscheinlich hast du bei anderen Büchern schon gesehen, dass sie einen **Prolog** und einen **Epilog** haben können, das heißt kurze Szenen am Anfang beziehungsweise am Ende, die ein bisschen außerhalb der Geschichte stehen, aber auch wichtig sind. Am Schluss kann man in einem Epilog zum Beispiel erzählen, was aus den Personen nach Abschluss der eigentlichen Geschichte geworden ist. Prologe sind sehr beliebt, und ich habe auch oft welche in meinen Katja-Brandis-Romanen, aber Achtung, meist vergessen deine Leser sehr schnell, was drinsteht – dort superwichtige Informationen unterzubringen ist also nicht ratsam. Und wenn der Prolog so lang wird, dass er eigentlich ein eigenes Kapitel ist, könntest du daraus auch das erste Kapitel des Romans machen.

Dialog: Lass sie schreien, murmeln, fauchen

Eine Geschichte wird lebendiger, wenn du **inneren Monolog** (also wenn eine Person in Gedanken mit sich selbst spricht) und **Dialog** (also wörtliche Rede) einbaust. Wenn du deine Personen gut genug kennst, weißt du vielleicht, wie sie sprechen würden, welche Lieblingsausdrücke oder -flüche sie haben, ob sie ein bisschen abgehackt sprechen oder in endlosen Sätzen ohne Punkt und Komma. Das alles kann man auch auf dem Papier ausdrücken.

Hier noch ein paar Tipps für die praktische Umsetzung:

- **Abwechslung**: Es gibt unzählige Wörter, die man anstelle von »sagte« verwenden kann. Wie hat sie es gesagt? Hat sie es gerufen, gemurmelt, gefaucht? Häufig kann man auch darauf verzichten, hinzuschreiben, wer was sagt, weil es sowieso aus dem Text hervorgeht, oder man fügt eine kleine Aktion hinzu. Dazu ein Beispiel aus dem Roman *Drachenreiter* von Cornelia Funke:

  »Wovon redet sie?« Fragend sah der Drache zu Schwefelfell hinüber, die sich ans Feuer gesetzt hatte und an einer Wurzel knabberte.

  »Keine Ahnung!«, schmatzte Schwefelfell. »Sie redet schon die ganze Zeit so wirres Zeug. Es passt eben nicht viel Verstand in so einen kleinen Kopf.«

  »Ach ja?« Ratte schnappte empört nach Luft. »Das, das …«

  »Hör nicht auf sie, Ratte!« Lung stand auf, reckte den langen Hals und schüttelte sich. »Sie hat schlechte Laune, weil ihr Fell feucht ist von dem Nebel.«

Das nicht weniger gute Gegenbeispiel aus *Tom Sawyer*:

> Eine unbehagliche Pause. Dann sagte Tom: »Wie heißt du?«
>
> »Geht dich nichts an.«
>
> »Ich werd dir schon zeigen, dass es mich was angeht.«
>
> »Na, warum tust dus denn nicht?«
>
> »Wenn du noch viel sagst, tu ichs.«
>
> »Viel – viel – viel. Da hast dus.«
>
> »Du hältst dich wohl für besonders schlau, was? Wenn ich will, mach ich dich mit einer Hand fertig.«
>
> »Dann tus doch endlich und red nicht nur davon!«

… und so weiter. Der Dialog zieht sich in dieser Form über zwei Seiten hin!

- Schreib bei Dialogen nicht zu sehr **Schriftsprache,** also nicht zu geschliffen. Wirkliche Gespräche sind meist nicht besonders logisch, und oft redet man aneinander vorbei. Man spricht in unvollständigen Sätzen, wiederholt sich, beantwortet ganz andere Fragen als die, die einem gestellt worden sind, man schweift ab und gibt ziemlich häufig komische Geräusche wie »Ähm« oder »hm« von sich (die du aber nicht ständig in deine Dialoge schreiben solltest, das würde nerven).
- **Vermeide Monologe**: Wenn eine deiner Figuren sich eine halbe oder ganze Seite lang über ein Thema verbreitet, dann ist das schon *sehr* lang und du solltest seinen oder ihren Vortrag entweder kürzen, oder ihn durch Zwischenbemerkungen, Sinneseindrücke etc. unterbrechen. Dann wird der Monolog, wenn du ihn unbedingt drinlassen willst, wenigstens lebendiger.
- **Persönlichkeit:** Jeder Mensch redet anders. Nutze die Möglichkeit, deine Figuren durch das, was sie sagen, und wie sie es sagen, zu charakterisieren.
- **Konflikt:** Leser lieben Dialoge, in denen sich Figuren gegenseitig sticheln, fetzen, aufziehen, veralbern. Lass es also ordentlich krachen zwischen deinen Figuren und vermeide nichtssagende Gespräche über das Frühstück oder die nächste Verabredung.
- **Humor:** Besonders gut lesen sich witzige, ungewöhnliche Dialoge. Aber wie bekommst du das hin, wenn du nicht zu denjenigen gehörst, denen das einfach so aus der Feder fließt? Zum Beispiel, indem du in einem Dialog nicht einfach die ersten Sätze hinschreibst, die dir einfallen. Die sind wahrscheinlich zu abgedroschen, um richtig gut zu sein. Nimm stattdessen deinen zweiten oder dritten Einfall. Wenn du selbst nicht schlagfertig bist, können deine Figuren trotzdem schlagfertig sein – denn du musst nicht innerhalb von Sekunden reagieren, sondern hast reichlich Zeit, über die passende coole, witzige Antwort nachzudenken!

TRAINING

Impro-Dialog: Du bist mit einem deiner Dialoge noch nicht so zufrieden? Dann probier's doch mal mit »Impro-Theater«: Du setzt dich mit einem Freund oder einer Freundin zusammen oder teilst ihm/ihr die Grundsituation mit, welche Personen sich unterhalten sollen und wie die Stimmung des Gesprächs sein soll. Dann legt ihr los, schlüpft in diese Rollen (und zeichnet natürlich alles auf.) Wenn du das dann abtippst, hast du einen wirklich echt klingenden Dialog, mit dem du weiterarbeiten kannst!

Schauplatz und Beschreibung: Wonach riecht's denn hier?

Um interessant zu sein, brauchst du deine Story nicht unbedingt ins Gangmilieu von Los Angeles oder nach Australien zu transportieren. Ganz »gewöhnliche« Schauplätze, die man selbst gut kennt, können genauso prickelnd sein: deine Schule, der Karate-Verein, der Segelflugplatz in deiner Stadt. Es gibt sogar ganze Bücherserien, die sich aus genau diesem Grund auf bestimmte Städte oder Regionen spezialisiert haben, zum Beispiel die Köln-Krimis.

Wenn du einen exotischen Schauplatz benutzen willst, dann kannst du inzwischen viele Quellen anzapfen, um herauszufinden, wie es dort aussieht: Bücher, zum Beispiel Reiseführer, das Internet – besonders Google Earth ist dafür sehr praktisch (*earth.google.de*) – Fernseh-Dokus oder Filme, Berichte oder Blogs von Leuten, die durch diese Gegend gereist sind oder sogar dort gelebt haben. Viele Autoren sind bei dieser **Recherche** ganz genau, studieren Stadtpläne und Restaurantführer, um die Orte für ihre Handlung auszuwählen oder fahren selbst in die Stadt und laufen die Straßen ab, durch die ihr Held vor der Polizei flieht oder mit seiner neuen Flamme nachts auf der Verkehrsinsel Tango tanzt. Für historische Romane vergraben sich Autoren meist monatelang in Bibliotheken und informieren sich über die Zeit, über die sie schreiben wollen. Aber wenn man nur für sich schreibt und erstmal nichts veröffentlichen will, dann kann man sich genauso gut mit der Fantasie behelfen. Schließlich war Karl May auch nie in Amerika …

Wo auch immer deine Story sich entfaltet: Damit man sich den Schauplatz vorstellen kann, möchten deine Leser natürlich ab und zu eine Beschreibung davon haben. Richtig gut wird sie, wenn du darin viele Details und Sinneseindrücke lieferst, viel **Atmosphäre** vermittelst. Du solltest nicht nur das einbauen, was die Augen wahrnehmen, sondern auch

- Geräusche
- Gerüche
- Geschmackswahrnehmungen
- Tastempfindungen

Dadurch haben deine Leser das Gefühl, richtiges **»Kopfkino«** zu erleben oder selbst an dem Ort zu sein, den du beschreibst.

TRAINING

Beschreib deinen Lieblingsort – ob den Reitstall, das Dojang deines Taekwondo-Vereins oder den Platz unter dieser alten Eiche im Park – und versuche dabei viele Sinneseindrücke zu vermitteln, damit man sich genau vorstellen kann, wie es dort ist!

»Ein gutes Buch ist ein sinnliches Buch«, meint auch die Lektorin und Übersetzerin Angelika Kutsch. »Ich hasse Hering. Aber wenn ein Autor beschreibt, dass in seiner Geschichte Leute sitzen und Heringe essen, dann will ich das auch riechen. Wenn sich einer schneidet, dann will ich das auch fühlen.« Ein Beispiel aus dem Roman *Der aus den Docks* von Mario Giordano, eine Geschichte von zwei Jungen und einem Bullterrier, die im Hamburger Hafen und auf dem Kiez spielt:

> Ich liebte den schmierigen Knoblauchdunst aus den portugiesischen Kneipen rings um den Kuhberg. Ich liebte die Musik, vermischt mit Fernsehlärm aus den türkischen Kulturvereinen am Straßenrand. Und ich liebte die Waschsalons, in denen uralte Muttis vor uralten Waschautomaten auf uralte Wäsche warteten. Ich liebte das Gedränge und Geschiebe Sonntags auf dem Fischmarkt, das Kreischen der Ladekräne, die Geräusche aus den Docks, die von der anderen Elbseite herüberwehten. Ich liebte, wie die Elbe roch, wenn ein Nordwest mit neun Windstärken so viel Salzwasser in den Hafen drückte, dass man denken konnte, man sei am Meer.

Es gibt natürlich auch Geschichten, die zum großen Teil in der Innenwelt der Personen spielen, in ihrer Gedanken- und Gefühlswelt. Das Innenleben eines Menschen ist eine genauso faszinierende und komplexe »Landschaft« wie die reale Welt, nur völlig anders.

Der verflixte Anfang

Vielleicht ist die Geschichte in deinem Kopf schon fast von vorne bis hinten geschrieben, aber sie will noch nicht so ganz raus, weil der Anfang fehlt. Beschreibe möglichst nicht, wie deine Hauptfigur aufwacht, mit ihrer Familie frühstückt und zur Schule geht! Viele Jugendliche fangen ihre Storys so an. Leider echt langweilig. Auch Wetterberichte am Anfang sind etwas aus der Mode gekommen, besonders das berüchtigte »Es war eine dunkle und stürmische Nacht«. Steig lieber direkt in die Geschichte ein, die du erzählen willst, und begleite deine Hauptfigur dabei, so wie Christoph Scheuring in seinem Roman *Echt*:

> Das erste Mal, dass ich mit der Polizei was zu tun bekam, ist jetzt ziemlich genau vier Monate her. Bis dahin hatte ich in meinem ganzen Leben noch nicht einmal einen Lutscher geklaut. Keine Schlägerei, keine Klingelstreiche, und wenn ich doch mal bestraft wurde, war es höchstens ein Missverständnis.

> »Ich« und »was anstellen« waren absolut inkompatible Begriffe. Ich glaube, ich war so ziemlich der anständigste Junge, den man am Hamburger Hauptbahnhof finden konnte, und deshalb bekam ich wahrscheinlich auch so einen Schreck, als ich dann zum ersten Mal verhaftet wurde. Es war an einem Freitagnachmittag, auf Gleis 12, neben der Treppe.

Sehr geschickt, wie Christoph Scheuring gleichzeitig seine Hauptfigur vorstellt und seine Leser neugierig darauf macht, warum ausgerechnet dieser Junge verhaftet wird. Und wieso ist er eigentlich ständig am Hauptbahnhof zu finden? Das liegt übrigens daran, dass er Abschiede sammelt. Tag für Tag fotografiert er am Bahnhof solche Momente, in denen für ihn das Leben besonders wahrhaftig ist. Bis er am Bahnhof eines Tages Kati kennenlernt, die sein Leben komplett umkrempelt …

Geschickt ist es, wenn du schon andeutest, was in deiner Geschichte passieren wird, oder einfach nur, dass etwas passieren wird. Aber nicht zu viel verraten! Als Beispiel eignet sich hier sehr gut Joanne K. Rowlings erster Band *Harry Potter und der Stein der Weisen*:

> Mr. und Mrs. Dursley im Ligusterweg Nummer 4 waren stolz darauf, ganz und gar normal zu sein, sehr stolz sogar. Niemand wäre auf die Idee gekommen, sie könnten sich in eine merkwürdige und geheimnisvolle Geschichte verstricken, denn mit solchem Unsinn wollten sie nichts zu tun haben.

Dann rollst du langsam und genüsslich auf, was denn so Schlimmes, Merkwürdiges, Geheimnisvolles oder Ungewöhnliches passiert ist, und hältst deinen Leser bei der Stange.

Der Anfang ist deine Visitenkarte. Wenn er gut ist, dann wird dein Leser wahrscheinlich weiterlesen. Aber bevor du jetzt völlig verkrampft vor der leeren ersten Seite sitzt und dir den Kopf nach einem brillanten Einstieg zermarterst, hier noch ein Tipp: Du braucht nicht am Anfang anzufangen. Manche Autoren machen es auch ganz anders: »Ich fange kreuz und quer an«, erzählt zum Beispiel die junge Autorin Tanja Neubauer. »Wenn ich gerade Lust auf eine bestimmte Szene habe, schreibe ich sie, ob sie nun später am Anfang, in der Mitte oder am Schluss stehen wird. Das ist zwar ganz schön chaotisch, aber irgendwie funktioniert es doch!«

Fang irgendwo an, ganz spontan, und bastele dir deine Geschichte dann allmählich zusammen. Oder schreib einfach irgendeinen Anfang und gehe bei der Überarbeitung zurück und überdenke ihn noch einmal. Schließlich muss man sich beim Schreiben wie beim Sport erst »aufwärmen«.

TRAINING

Wie machen es die anderen? Such zehn Bücher aus dem Regal, die dir gefallen haben, und lies dir den Anfang durch. Was ist daran besonders gut? Oder was hätte man noch besser machen können?

Versuch mal, ein paar ganz verschiedene Anfänge zu schreiben (ein paar Sätze reichen), die zum Weiterlesen reizen!

Traumziel Roman: Von der kurzen zur langen Form

Die meisten jungen Autoren versuchen sich erst einmal an Kurzgeschichten von wenigen Seiten. Eine längere Erzählung oder gar einen Roman zu schreiben ist nicht jedermanns Sache. Aber wenn du es gerne möchtest, dann versuch es einfach. Vielleicht klappt es ja so gut wie bei Mario Giordano, der auch schon in der Schule zu schreiben anfing und dessen Lieblingsbeschäftigung es war, seinen Klassenkameraden auf dem Schulhof Geschichten zu erzählen. »Ich wollte ein Kinderbuch schreiben und habe mich rumgequält, bis ich mir gesagt habe: Wenn du das wirklich willst, musst du das einfach tun. Sonst sagst du dir dein Leben lang: Ich hätte ein guter Autor werden können und habe es nicht versucht. Also habe ich angefangen, eine Geschichte zu schreiben, die mir mal eingefallen ist. Das hat eine Weile gebraucht, mit Unterbrechungen, bis ich mich dann während des Studiums schließlich zwei, drei Monate hingesetzt habe und *Die wilde Charlotte* zu Ende geschrieben habe.«

Wenn du es mit einem längeren Text versuchen willst, solltest du dir einen Plan oder ein Konzept dafür machen. Es ist nämlich gar nicht so einfach, über fünfzig, hundert oder mehr Seiten den Überblick zu behalten und die Fäden der Handlung nicht aus der Hand gleiten zu lassen. So könntest du vorgehen:

- Du beschreibst deine **Buchidee** in vier Sätzen.
- Beschreibe und charakterisiere die wichtigsten **Figuren** in deinem Notizbuch so ausführlich wie möglich. Wahrscheinlich wirst du viele Ideen für die Handlung haben, während du dir überlegst, wie die Figuren auf einander reagieren.
- Jetzt sind deine **Handlungsorte** dran. Wo soll die Geschichte spielen? Versuch, mehr über diese Schauplätze herauszufinden. Während du darüber nachdenkst, wirst du deine Personen vielleicht schon in diesen Orten herumstreifen sehen. Schreib neue Ideen sofort auf!
- Jetzt kannst deine **Handlung** stichwortartig gliedern und genauer aufschreiben. Manche Autoren machen sich einen genauen Plan, was sie schreiben wollen, vom Anfang bis zum Schluss. Das hilft, Schreibblockaden zu verhindern. Andere wissen bis zum Schluss nicht, wie ihre Geschichte ausgeht, und lassen ihren Figuren und Ideen freien Lauf. Meistens wissen sie aber schon, wo sich alles ungefähr hinbewegt.
- **Letzter Durchgang:** Wenn du die Geschichte fertig hast, geh sie noch einmal von Anfang bis Ende durch, um zu sehen, ob das, was du am Schluss geschrieben hast, logisch mit dem Anfang übereinstimmt und die Entwicklung der Figuren nachvollziehbar ist.

Gemeinsam mit anderen schreiben

Vielleicht schreibst du total gerne, aber es fehlt dir an Ideen – und deinem Kumpel geht es genau umgekehrt. Wieso schließt ihr euch nicht einfach zusammen? Gemeinsam ein Projekt anzupacken und Ideen zwischen euch hin und her zischen zu lassen kann eine Menge Spaß machen. Allerdings solltet ihr vorher genau klären, wer was macht, damit es keinen Stress gibt. Wenn ihr beide gerne schreibt, dann könntet ihr zum Beispiel unterschiedliche Perspektiven übernehmen. Dann ist es sogar gut, wenn ihr einen unterschiedlichen Stil habt. Denn eure Figuren sind ja sehr unterschiedliche Menschen und sollten eine eigene Erzählstimme haben.

Es gibt inzwischen auch Experimente, Buchprojekte gemeinsam mit Fremden zu entwickeln. In geschlossenen »Text-Laboren« im Netz treffen sich Autoren, Illustratoren und andere Kreative, um zusammen an einem Buchprojekt zu arbeiten. Lina Oppermann erzählt von ihren Erfahrungen mit einer solchen Community, die von einem Kinder- und Jugendbuchverlag gegründet wurde: »Bei Oetinger34 aufgenommen zu werden ist sehr schwer. Ein halbes Jahr nachdem ich mich beworben hatte, bekam ich immer noch keine Antwort«, erzählt sie. Die Wende brachte eine Sonderausschreibung für eine Mädchenthriller-Reihe, dafür wurden noch Autoren gesucht. Sie mochte zwar keine Mädchenthriller, entschied sich aber dennoch, sich zu bewerben, und schrieb eine vorgegebene Bewerbungs-Szene. Mit Erfolg! »Ich bin immer noch froh, schließlich doch aufgenommen worden zu sein – mit anderen Kreativen gemeinsam Projekte entstehen zu lassen, ist so viel einfacher als allein«, berichtet Lina. »Man tauscht sich aus und gibt einander Tipps und Anregungen. Man bekommt Rezensionen, die meist durchweg positiv sind, selbst, wenn man erst wenige Seiten geschrieben hat. Das ist ungemein ermutigend. Die Schattenseite: Das Schreiben selbst kann da leicht ein bisschen zu kurz kommen, bei so viel Sich-für-Rezensionen-bedanken, Neuigkeiten checken, andere Projekte lesen und rezensieren, Profildaten aktualisieren und so weiter.«

Thriller, Fantasy, Romance & Co.

Die verschiedenen Genres

Romantasy, Thriller, Krimi und so weiter sind Beispiele für Genres – es erleichtert Lesern und Buchhändlern die Orientierung, wenn sie ein Buch in eine solche Schublade einordnen können. Wahrscheinlich hast du schon ein Lieblingsgenre, in dem du dich gut auskennst und in dem du selbst schreiben möchtest. Wenn du verschiedene Genres mischen möchtest, ist das natürlich auch kein Problem – ob du einen Thriller mit Fantasyelementen schreiben möchtest, einen Liebesroman, der in der Zukunft spielt, oder einen Western, in dem Aliens auftauchen. **Crossover** nennt man solche Mischformen manchmal.

Jedes Genre hat seine eigenen Gesetze. Viele Tipps und Hinweise dazu findest du in diesem Kapitel.

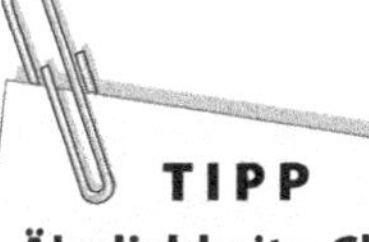

TIPP

Ähnlichkeits-Check: Achte darauf, dass dein Roman einem Buch, das es schon gibt, nicht zu sehr ähnelt! Natürlich kannst du, wenn die *Tribute von Panem* deine absolute Lieblings-Trilogie ist, selbst auch über eine Gruppe von Jugendlichen schreiben, die in einer unbekannten Umgebung ausgesetzt und einer nach dem anderen getötet werden oder sich töten. Aber wenn du dein Manuskript jemandem gibst, wird oft der Kommentar kommen: »Hm, das ist ziemlich ähnlich wie *Panem* …«

Fantasy: Welten erschaffen, Reiche zertrümmern

Im Fantasy-Genre ist alles möglich, hier kannst du deine verrücktesten Einfälle unterbringen und deiner Leidenschaft für Magisches und Mystisches freien Lauf lassen. Wahrscheinlich liest du selbst viel Fantasy und kennst dich schon mit den wichtigsten Sub-Genres aus:

- High Fantasy (Schwerter und Magie)
- Dark Fantasy (Vampire, Grusel, Blut)
- Urban Fantasy (reale, oft städtische Welt plus übernatürliche Wesen)
- Humoristische Fantasy (Terry Pratchett lässt grüßen)
- Romantasy (die Liebe steht im Mittelpunkt)
- und so weiter …

Keine Sorge, du musst nicht genau wissen, in welche »Nische« deine Geschichte passt, das ist erst wichtig, wenn du deinen Roman veröffentlichen willst.

Die meisten Fantasyautoren gehen von einer bestimmten Grundidee oder einem **Grundkonflikt** aus. In *Queen of Clouds* von Susanne Gerdom zum Beispiel geht es um den Konflikt zwischen den im Luxus lebenden Adligen in ihren Wolkentürmen und den in den »Schluchten« in Armut lebenden Menschen, die ihnen dienen müssen. Und die Zukunft aller Bewohner steht auf dem Spiel, wenn nicht der Sohn des Herrschers und das aus den Schluchten stammende Mädchen Elster gemeinsam eine wichtige Aufgabe lösen – doch beide misstrauen sich natürlich extrem …

Oder hast du schon eine bestimmte **Figur,** über die du schreiben willst? So ging es Gesa Schwarz bei ihren *Grim*-Romanen. »Der Auslöser der Geschichte war ein Bild, das eines Nachts in mir auftauchte. Ich sah eine dunkle, steinerne Gestalt mit gewaltigen Schwingen hoch über den Dächern von Paris«, schreibt sie. »Als ich mich der Gestalt näherte, konnte ich ihr ins Gesicht schauen. Es war das Gesicht eines Gargoyles, eines Engels, eines Dämons – vielleicht von allem ein bisschen. Er sah mich mit seiner Narbe über dem rechten Auge an und nannte mir mit vorsichtigem Lächeln seinen Namen. So lernte ich

Grim kennen, und von diesem Zeitpunkt an wusste ich, dass ich seine Geschichte erzählen wollte. Er war und ist immer das Zentrum der Geschichte gewesen, und alles Weitere – die anderen Figuren, der Hintergrund, die Welt, in der er lebt – entwickelte sich um ihn herum.«

Wenn du noch eine **Handlung** brauchst, dann mach dir Gedanken darüber, wie die fantastische Welt beschaffen ist, in der deine Figuren leben, und welche Probleme dort dringend gelöst werden müssen. Ganz oft haben die Hauptfiguren in Fantasyromanen die Aufgabe, ein solches bedrohliches Problem zu lösen (wenn nicht sogar gleich die Welt zu retten …), und häufig müssen sie sich dazu auf eine abenteuerliche Reise begeben. Sie finden Verbündete und müssen Feinde besiegen. Welche Verbündete oder Feinde könnten sich deinen Figuren in den Weg stellen? Und welche persönlichen Konflikte machen ihnen das Leben schwer oder treiben sie an?

Beim Weltenerfinden kannst du, wenn du möchtest, **Geschöpfe** wie Orks, Elfen/Elben, Drachen, Zwerge und Zauberer verwenden (einige davon gehen auf Tolkins *Herr der Ringe* zurück) und beliebig abwandeln. Oder du erfindest, was noch mehr Spaß machen kann, völlig neue Geschöpfe. In meinen *Daresh*-Romanen, die unter dem Namen Katja Brandis erschienen sind, gibt es zum Beispiel Storchen-, Iltis- und Krötenmenschen, die eigene Traditionen, Gewohnheiten und Legenden haben und nicht immer gut mit den »Vollmenschen« zurechtkommen. Und sehr beliebt ist der Schattenspringer Grísho in meiner *Nachtlilien*-Trilogie, ein unkörperliches Wesen mit schrägem Humor, der von Schatten zu Schatten springt und sich von Dunkelheit ernährt.

Viele Fantasyautoren nutzen als Basis ihrer Welt **irdische Kulturen**, die es gibt oder gab – Kai Meyer zum Beispiel hat schon das alte China (*Wolkenvolk*-Trilogie), Venedig (*Merle*-Trilogie), St. Petersburg (*Frostfeuer*) und Sizilien (*Arkadien*-Romane) als Hintergrund verwendet. Natürlich auf faszinierende Art magisch verfremdet. Auch ein Blick in Sachbücher über Fabelwesen kann dich inspirieren. »Bei meinen Fantasywelten arbeite ich gern mit Mythen, Sagen und Legenden, die mich inspirieren oder Gedichten, die von fernen Ländern handeln«, erzählt die junge Autorin Stefanie Link. »Eine andere Quelle sind meine Träume. Mir ist aber ein gewisser Bezug zur Realität wichtig, ich erfinde selten Welten, die sich völlig von der unseren unterscheiden.«

Wenn du gerne Fantasy schreibst, dann gibt es ein paar Dinge, die du beachten sollst:

- **Sei gründlich** im Erschaffen deiner Welt, besonders in der High Fantasy. Wenn vieles zu »heutig« wirkt oder an unsere Welt erinnert, enttäuscht das deine Leser. Und wenn du dich um die Details drückst, zum Beispiel was in deiner Welt gegessen wird, welchen besonderen Kleidungsstil es gibt oder welche anderen Gewohnheiten die Leute haben, fällt das ebenfalls negativ auf.
- Passe den **Sprachstil deiner Figuren** der Welt an, in der sie leben. Wenn dein Roman unter Vampiren in New York spielt, reden deine Figuren natürlich anders als Zombies in Tokio (falls die überhaupt reden). Und moderne Ausdrücke wie »Okay«, »Alles paletti« oder moderne Kraftausdrücke wie »Scheiße« passen nicht in eine mittelalterliche Welt. Denk dir als Redewendungen, Ausrufe und Flüche aus, die in deiner Welt verwendet werden. In meiner Welt Daresh hat jede Gilde ihre eigenen Ausdrücke – »Rostfraß und Asche, du bist ja eine Blattfresserin!«, sagt die Schmiedin Alix aus der Feuer-Gilde, als sie Rena aus der Erd-Gilde zum ersten Mal trifft.
- Zeichne dir am besten eine **Karte deiner Welt**, damit du eine gute Orientierung dort hast und du beim Schreiben nicht durcheinanderkommst.
- Wenn du **Bösewichte** erschaffst – beschreib sie nicht als »unglaublich widerlich«, »unfassbar böse« und so weiter, sondern zeig sie in Aktion. Beschreibe, warum sie gefürchtet sind. Was sie für schreckliche Dinge tun. Welche widerliche Angewohnheiten sie haben. Dann erkennt der Leser von selbst, wie scheußlich deine Finsterlinge sind.
- **Erkläre deine Welt nicht**, solche Informationen wirken schnell langatmig, besonders am Anfang. Folge einfach deinen Figuren, so lernt man deine Welt nach und nach kennen. »Das Kurzhalten ist

mir zu Anfang sehr schwer gefallen«, berichtet Stefanie Link. »Und das Unterbringen notwendiger (Hintergrund-)Informationen. Ich musste sehr darauf achten, nicht sofort alles zu erklären, sondern immer nur das aktuell Wichtige zu erzählen. Also keine Textblöcke, sondern zwischendurch immer wieder Action, und klärende Unterhaltungen, die lebendig klingen und nicht wie Interviews.«

Welten der Zukunft: Dystopien & Co

Das beliebte Was-wäre-wenn-Spiel: Was wäre, wenn wir uns in Zukunft unsere Partner nicht mehr selbst aussuchen dürften? Siehe *Cassia & Ky* von Allie Condie. Was wäre, wenn Luft zum Atmen begrenzt und teuer wäre, weil die Welt verseucht ist und Menschen unter Kuppeln leben müssen? Siehe *Breathe* von Sarah Crossan. Du kannst so viele Situationen durchspielen, wie du willst, und irgendwann wirst du vielleicht das Gefühl haben: »Oh hey, das ist cool, darüber will ich schreiben!«

Ich selbst habe schon einige Romane geschrieben, die in der nahen Zukunft spielen (»Near-Future Fiction« nennt man das), weil ich über Erfindungen oder Entwicklungen schreiben wollte, die es heute noch nicht gibt. Über einen Jungen, der auf einer Tiefseestation aufwächst und dort mit einer Krake zusammenarbeitet (*Ruf der Tiefe*), den Kampf um die letzten Regenwälder (*Schatten des Dschungels*), das Aufräumen des Großen Pazifischen Müllstrudels im Jahr 2030 *(Floaters)* und so weiter. Für Leser ist es leichter, sich in die nahe Zukunft hineinzudenken, weil die Welt dort noch nicht sehr anders ist. Aber du kannst dich auch einige hundert Jahre in die Zukunft versetzen und zum Beispiel darüber schreiben, in welche miese Sackgasse sich die Gesellschaft entwickelt hat. Viele erfolgreiche Zukunftsromane sind Dystopien, das heißt sie zeichnen ein eher negatives Bild der Zukunft. Kein Wunder, denn Utopien – also Beschreibungen von Welten, in denen alles gut und schön ist – wären sicher gähnend langweilig. Außer, die Idylle ist nur an der Oberfläche perfekt, und darunter gärt es.

Ein paar Tipps für deinen Science fiction-Roman:

- Damit dein **Szenario der Zukunft** glaubwürdig wirkt, solltest du es gründlich durchdenken bis hinein in die Details. Wie kochen wir in der Zukunft, welche neuen Rituale gibt es, welche Sendungen sind beliebt, was hat sich in den menschlichen Beziehungen, in der Sprache, in der Erziehung geändert? Wirkt vieles in deinem Roman noch zu »heutig«, kann das störend sein.
- **Erkläre nicht zu viel**, besonders am Anfang nicht. Konzentriere dich auf deine Figuren und die Handlung und lass deine Leser den Schauplatz nach und nach selbst entdecken.
- **Frag dich durch!** Wenn in deinem Roman zum Beispiel eine besondere technische oder biologische Entwicklung vorkommt, hab keine Scheu, Experten anzumailen und ihnen Fragen zu stellen. Die meisten helfen gerne und du erfährst viel mehr als durch eine einfache Internetrecherche.
- Wenn du merkst, dass deine Fantasie schon am Anschlag ist – mach ein **Brainstorming** mit Freunden und sammle Ideen!

Thriller & Krimi: Spannung hoch drei

Ein Krimi ist der Definition nach ein Roman, in dem ein Verbrechen begangen worden ist, das nach und nach aufgeklärt wird. So wie im »Tatort«. Ein Thriller ist strenggenommen ein Roman, in dem ein schweres Verbrechen droht, dass es zu verhindern gilt (zum Beispiel ein Attentat auf den amerikanischen Präsidenten). Aber diesen Unterschied zwischen beiden Genres kannst du gleich wieder vergessen, weil inzwischen auf jedem Jugendroman dieser Art das Etikett »Thriller« klebt, auch wenn es eigentlich ein Jugendkrimi ist. Es klingt einfach besser.

Egal ob Krimi oder Thriller, auf jeden Fall erwarten deine Leser, dass deine Geschichte spannend ist. Und dabei kommt es zu einem großen Teil auf eine **spannende Ausgangssituation** an. In meinem Katja-Brandis-Roman *Und keiner wird dich kennen* zum Beispiel ist ein gefährlicher Stalker Maja und ihrer Familie auf der Spur. Sie müssen eine neue Identität annehmen, fürchten aber trotzdem, dass der Mann sie wieder aufspüren kann ... und als Maja aus Sehnsucht nach ihrem Freund, den sie zurücklassen musste, einen schlimmen Fehler macht, wird diese Gefahr immer größer.

Viele erfolgreiche Thriller setzen aber auch auf die Neugier der Leser. Ein seltsames, rätselhaftes Verbrechen ist geschehen, was steckt dahinter? Aber auch das, was *nach* dem Verbrechen geschieht, kann sehr spannend sein: In *Soul Beach* von Kate Harrison erhält Alice eine E-Mail von ihrer toten Schwester – wie kann das sein?!

Ein Profi der rätselhaften Situationen ist die niederländische Autorin Mirjam Mous. In ihrem Roman *Boy 7* wacht ihre Hauptfigur, ein Junge, auf einer glühend heißen, kahlen Grasebene auf und weiß nicht, was geschehen ist oder wie er heißt. Die einzige Nachricht auf seiner Mailbox stammt von ihm selbst und lautet: »Was auch passiert, ruf auf keinen Fall die Polizei.« So fängt der Roman an:

> Ohne Fallschirm aus einem Flugzeug gestoßen werden. In einem Affenzahn mit einem Auto herumrasen, das sich um keinen Preis lenken lässt. Ins tiefe Wasser geworfen werden, obwohl man nie schwimmen gelernt hat. Sich in einer fremden Stadt verirren und niemanden nach dem Weg fragen können, weil alle japanisch sprechen.
>
> So fühlte es sich an. Und zwar alles davon gleichzeitig.
>
> Ich wusste nicht, wer ich war, wo ich war, und wie ich an diesen verlassenen Ort geraten war. Aber dass mir fast der Schädel platzte vor Schmerzen, das wusste ich. Es war, als hätte man mir mit einem Hammer alle Erinnerungen herausgeschlagen – und sosehr ich mich auch anstrengte, ich konnte sie nicht wiederfinden.

Wenn dir eine so mysteriöse Ausgangslage oder ein interessantes Verbrechen eingefallen ist, Glückwunsch. Jetzt kannst du deine Hauptfiguren dabei begleiten, wie sie schrittweise das Rätsel lösen, das du dir zuvor genau überlegt hast. Wichtig bei Thriller und Krimi:

- Gib deinen Lesern ab und zu **Hinweise**, durch die sie eine Chance haben, mitzuraten.
- Führe deine Leser auf **falsche Fährten** und aufs Glatteis. Verrate nicht zu früh, wer der wahre Täter ist! Außer, es gehört zum Konzept deines Romans, dass der Leser das weiß.
- Lasse deine Kapitel an einer spannenden Stelle enden. Diese sogenannten **»Cliffhanger«** bringt deine Leser dazu, umzublättern und ins nächste Kapitel einzusteigen … und dann ins nächste, und dann ins nächste … schon ist die halbe Nacht um.
- Ein Thriller sollte sich schnell voran bewegen. Also Beschreibungen kurz und knapp halten, stattdessen auf **Dialog und Handlung** setzen. Sei streng mit dir und streiche Szenen, die nicht so wichtig sind.
- In Krimis werden oft Leute befragt, die irgendetwas wissen könnten. Diese **Nebenfiguren** sollten möglichst interessant sein und anschaulich geschildert werden, damit diese Passagen nicht langweilig sind.

Liebesgeschichten: Lass es britzeln!

Wenn du ein Mädchen bist, hast du in deine Story sehr wahrscheinlich eine Liebesgeschichte eingebaut. Damit diese Geschichte so richtig »zieht«, brauchst du eine gute, aber nicht *zu* gute männliche Hauptfigur. Traumtypen ohne jeden Fehl und Tadel sind ebenso langweilig wie zu nette Jungs, die jederzeit für ihre Angebetete da sind. Wenn deine **männliche Hauptfigur** zu ideal oder zu nett ist, dann musst du zurück in die Planung – welche Abgründe, welche schlechten Eigenschaften, welche Ängste und Geheimnisse hat der Junge? Was bringt ihn zum Ausrasten? Welche Extreme stecken in ihm? Wen hasst er? Welche Grenzen übertritt er? Ausgeprägte Interessen, eine ungewöhnliche Geschichte und starke Gefühle machen ihn interessant, alles, was lauwarm ist an ihm, lässt das Interesse deiner Leserinnen an ihm (und wahrscheinlich auch dein eigenes) dahinwelken. Egal, wie gut der Betreffende aussieht. Im Gegenteil, ein körperlicher

Makel – braucht ja nicht groß sein – macht ihn menschlicher und realer. Sonst hat der Star deiner Geschichte so viel Charisma wie eine Computergrafik.

Arbeite am besten so lange an diesem Jungen, bis du seine Ausstrahlung selbst spürst und dich ein bisschen in ihn verliebt hast. Das ist völlig normal und genau richtig. Diese »Chemie« zwischen euch wird sich mit etwas Glück auf deine Leserinnen übertragen. Du solltest den Traumtypen in deiner Story nur nicht ständig und ungehemmt loben, das nervt und funktioniert überdies nicht. Zeig ihn einfach in Aktion, und wenn er wirklich so toll ist, verlieben sich deine Leserinnen schon bald ebenfalls in ihn.

Wahrscheinlich hast du schon geplant, wie sich die Beziehung der beiden Hauptfiguren entwickeln soll. Am verbreiteten sind hier der »X«- und der »O«-Verlauf. Wenn du dir den Verlauf wie eine Grafik vorstellst, erklären sich die Namen:

- **O-Verlauf (klassische und heitere Variante):** Die Hauptfiguren begegnen sich am Anfang und verlieben sich vielleicht schon, entfernen sich dann aber – vielleicht nach einem Missverständnis – wieder von einander. Sie müssen noch viele Hindernisse überwinden und Probleme meistern, bis sie endgültig zu einander finden. Diese Geschichtenstruktur eignet sich für die meisten Romane und Genres und funktioniert hervorragend für witzige Storys, bei denen es ein Happy End gibt. Wichtig ist bei dieser Struktur, dass man sich als Leserin wünscht, dass die beiden sich kriegen, weil alle (außer oft den Hauptfiguren selbst) merken, wie gut sie zu einander passen würden und wie es zwischen ihnen britzelt. Achtung, es gibt ein paar schon sehr abgegriffene Hindernisse, die du vermeiden solltest. Beispiel: Deine Hauptfigur beobachtet heimlich, wie ihr Geliebter jemand anders küsst und ist geschockt, doch der- oder diejenige stellt sich letztlich als Cousin, guter Freund in Not oder ähnliches heraus – es war natürlich alles ein Missverständnis. Verwirf die Verwicklungen, die dir als erstes in den Kopf kommen, und denk etwas länger darüber nach, was die beiden trennen könnte, bis die Liebe doch noch siegt.

- **X- Verlauf (tragische Variante):** Die Hauptfiguren leben erst einmal nebeneinander her, bis sie sich in einer schicksalhaften Weise treffen und (oft) heftig verlieben. Doch sie können nicht miteinander leben oder verlieren sich wieder, ihre Wege trennen sich. Dieser Verlauf eignet sich für tragische oder dramatische Geschichten, da er ein melancholisches Ende mit sich bringt. Wenn du deine Leser richtig erschüttern willst, kannst du auch eine deiner Hauptfiguren umbringen. Ich sag nur *Eine wie Alaska!* John Green ist ein Meister darin, seine Hauptfiguren auf eine Art umzubringen, die einem wirklich böse in die Seele haut. Wer danach keine Tränen in den Augen hat, hat kein Herz. Achtung, als angehender Autor trägt man bei solchen Plots gerne etwas zu dick auf. Wenn deine Testleser also irgendetwas murmeln, in dem die Worte »Pathos, »Melodramatik« »Kitsch« und ähnliches vorkommen, dann musst du an die entsprechende Passage noch mal rangehen. Blöderweise spürt man so etwas selbst nicht oder kaum, deshalb vertrau dich hier dem Gespür von guten Freundinnen an, die selbst viel lesen.

Falls du **Liebesszenen** geplant hast, wird es dir wahrscheinlich nicht ganz leicht fallen, sie zu schreiben. Keine Sorge, damit bist du in bester Gesellschaft. Liebesszenen sind irre schwer, weil sie so leicht peinlich oder kitschig geraten, und ich selbst bastele an ihnen dreimal so lange herum wie an anderen Szenen. Mit etwas Übung werden sie dir leichter fallen.

Andere Genres

Es gibt noch viele andere Genres, in denen du dich ausprobieren kannst – vielleicht hast du Lust, dich mal an einen Western zu wagen, eine Horrorgeschichte zu schreiben oder einen historischen Roman? Oder etwas ganz anderes, das hier nicht erwähnt worden ist? Schreib einfach das, was dir am meisten Spaß macht!

Stil und Sprache

Kann man »guten Stil« lernen?

Es gibt reichlich Bücher, die auf den ersten Blick eine ziemlich langweilige Handlung haben, zum Beispiel: Junge trifft Mädchen, sie verlieben sich, sie trennen sich wieder. Doch bei manchen Büchern ist eigentlich egal, worum es geht, weil sie so toll geschrieben sind, dass man allein deswegen weiter liest und Spaß daran hat. Diese Art, wie ein Autor schreibt, wird »Sprache« oder meist »Stil« genannt. Jeder Mensch hat seinen eigenen Schreibstil, der so unterschiedlich ist wie die persönliche Handschrift: Sarah, 14, schreibt vielleicht sehr überschwänglich, mit Ausrufezeichen hinter fast jedem Satz und ziemlich vielen »total«, »cool« und »echt«. Daniel, 16, dagegen schreibt ein bisschen so, wie es in der Zeitung steht, mit ab und zu einem Fremdwort darin. Und die E-Mails von Finn, 15, erkennt man sofort, auch ohne auf den Absender zu schauen, weil seine Sätze immer so abgehackt sind und er auf Großbuchstaben verzichtet.

Dein Stil formt sich nach und nach, so wie du wahrscheinlich mit 12 Jahren eine andere Handschrift hattest als mit 16. Das hängt nicht (nur) vom Alter ab, sondern vor allem von der Übung. Meist gilt: Je mehr du schreibst, desto schneller entwickelt sich dein Stil. Wenn du ältere Texte von dir anschaust, wirst du wahrscheinlich selbst merken, wie sich deine Art zu schreiben verändert hat. Nach und nach wird sie ausgereifter, mehr so, wie du sie haben willst. Du kannst natürlich auch ganz bewusst versuchen, deinen Schreibstil in die Richtung formen, in die du sie haben willst.

Vielleicht würdest du gerne so schreiben wie deine Lieblingsautorin. Du wirst feststellen, dass genau das eintritt, nachdem du ihre zwanzig Bücher hintereinander verschlungen hast. Meist klingt dieser **»Echo-Effekt«** jedoch schnell ab, und du wirst merken, dass deine eigene Persönlichkeit sich in deinen Texten und deiner Schriftsprache äußert. Das ist auch gut so, denn schließlich gibt es nur eine Isabel Abedi und einen Kevin Brooks. Besser, du gehst literarisch deinen eigenen Weg.

Ganz unabhängig davon, wie du schreibst, gibt es ein paar Dinge, die von Lesern und Deutschlehrern als »gutes Deutsch« angesehen werden. Diese Art von gutem Stil kann man lernen. In diesem Kapitel findest du einige Tipps, wie man häufig vorkommende Fehler vermeidet und Sprache so verwendet, dass sie leicht und angenehm zu lesen ist. Die Hinweise sind für Geschichten ebenso brauchbar wie für Schulaufsätze. Aber Achtung: Bevor du dir den ganzen Kopf mit Regeln aus dem Deutschunterricht oder auch aus diesem Buch vollstopfst und dich zu einem bestimmten Stil zwingst, schreibe lieber so, wie du sprichst. Denn daraus können wunderbar frische Geschichten und Gedichte entstehen. Denk daran, all diese Hinweise sind keine Regeln im herkömmlichen Sinne. Auch wenn du keinen von ihnen beachtest, kann dir eine tolle Geschichte gelingen, vorausgesetzt du experimentierst und wagst das Ungewöhnliche.

TIPP

Kritisiere dich erst am Schluss! Am besten benutzt du die Hinweise aus den nächsten Abschnitten erst bei der Überarbeitung. Schreib die Geschichte oder das Gedicht so auf, wie es dir einfällt und gerade aus der Feder fließt, mit Rechtschreib- und Tippfehlern und völlig chaotisch. Bei der Überarbeitung kannst du dann sozusagen hinter dir aufräumen und dir Gedanken machen, ob nicht vielleicht ein anderes Wort besser wäre, dass man aus diesem Satz besser zwei macht und so weiter.

Nach und nach werden dir viele der stilistischen Feinheiten, um die es in diesem Kapitel geht, in Fleisch und Blut übergehen, so dass du sie schon beim Schreiben anwendest. Manches macht man mit wachsender Erfahrung auch instinktiv richtig, weil man spürt, ob Wörter, Sätze oder ganze Texte »gut« klingen oder nicht. Dieses Sprachgefühl kannst du bei dir fördern, indem du viel liest und schreibst.

Bild ist Trumpf

Es gibt Dutzende von Worten für eine bestimmte Tätigkeit oder ein Gefühl, aber meist nur wenige, die genau das bezeichnen, was du sagen willst. Unter dem Stichwort »hassen« findet sich zum Beispiel im Lexikon der Synonyme (der Wörter mit gleicher oder ähnlicher Bedeutung): *»ablehnen, nicht mögen, unsympathisch finden, Abneigung empfinden, Feindschaft, Groll, Rachsucht, verabscheuen, nicht riechen können, ein rotes Tuch sein, Zorn hegen«* und noch vieles mehr. Je treffender die Worte in deinen Texten sind, je genauer du einkreist, was du auszudrücken versuchst, desto besser. Profis helfen sich auf der Suche nach dem genau richtigen Wort manchmal mit den oben genannten Synonym-Lexika, weil man auf viele Ausdrücke, die man nicht oft benutzt, selten auf Anhieb kommt. Dabei sind die etwas ausgefalleneren Worte und Ausdrücke meist die spannenderen.

Synonyme brauchst du auch dafür, sprachliche Abwechslung in deinen Text zu bekommen und unnötige Wiederholungen zu vermeiden. Beim Schreiben kannst und solltest du hemmungslos deinen Wortschatz ausschöpfen. Wenn du einmal »veraltet« geschrieben hast, wäre es für den Leser eintönig und störend, wenn du auch in den nächsten drei Sätzen jedes Mal das gleiche Wort benutzen würdest. Zur Auswahl hast du schließlich noch *unmodern, altmodisch, passé, überholt, rückständig, verstaubt, aus der Mottenkiste, kalter Kaffee, unzeitgemäß, altertümlich, vorsintflutlich,* und *obsolet* – nur um ein paar Beispiele zu nennen. Nachdem man zweimal »Zigarette« geschrieben hat, kann man auch einmal »Glimmstängel« schreiben. Aber man sollte sich auch nicht dazu zwingen, um jeden Preis ein anderes Wort zu suchen, wenn es eigentlich keinen passenden Ersatz dafür gibt. Schließlich haben die verschiedenen Ausdrücke ganz unterschiedliche Bedeutungsnuancen. »Kalter Kaffee« klingt verächtlich und ist eher Umgangssprache, passt also nicht in jeden Text. »Überholt« sagt man eher bei einem technischen Gegenstand, »altmodisch« dagegen zu Möbelstücken oder Kleidung. Außerdem lässt man sich im Synonym-Rausch leicht verleiten, zu weit hergeholte Ausdrücke zu verwenden, die lächerlich klingen: Aus einer Banane eine »längliche gelbe Frucht« oder aus dem Mond den »Erdtrabanten« zu machen, muss wirklich nicht sein. Besser, man sorgt bei den Nebensachen wie zum Beispiel dem Wörtchen für »sagen« für Abwechslung und benutzt die wichtigen, nur schlecht austauschbaren Worte so oft, wie man sie eben braucht. Natürlich können Wiederholungen auch reine Absicht sein – Hemingway lässt grüßen. Er wiederholte in seinen Texten Schlüsselworte so oft, bis auch der letzte begriffen hatte, dass darin die Aussage der Story schlummert.

Verbanne **abgenutzte Worte** aus deinem Text. Man sieht es ihnen zwar nicht an, aber auch Vergleiche, Metaphern und Redewendungen verschleißen und sind irgendwann vom vielen Gebrauch fadenscheinig. Leider sitzen sie gerade deshalb, weil sie so oft benutzt werden, besonders nah an der Oberfläche des Wortschatzes, so dass viele Leute sie fast schon automatisch verwenden: »Sie blieb stehen wie angewurzelt«, »Ihm gefror das Blut in den Adern«, »sintflutartige Regenfälle«, »kreucht und fleucht« oder »über etwas hängen wie ein Damoklesschwert«. Sicher war all das einmal originell – damals, als sie erfunden worden sind. Nachdem diese Redewendungen mittlerweile ein paar Millionen Mal ausgesprochen worden sind, gehen sie dem Leser »zu einem Ohr rein und zum anderen raus« (was übrigens auch eine von diesen hohlen Redewendungen ist). Wer weiß heute schon, wer Damokles war und was das mit seinem Schwert auf sich hat?

TRAINING

Geh deinen Text mal auf **abgedroschene Redenwendungen** durch. Wirf das »gefrierende Blut« ebenso raus wie die »Nadel im Heuhaufen«. Versuche, dir stattdessen frische, eigene Vergleiche auszudenken. Mit einer Freundin oder einem Freund brainstormen hilft!

Nicht zu empfehlen sind auch abstrakte Substantive (Hauptwörter), vor allem dann nicht, wenn sie geballt verwendet werden. Natürlich kommt man in Aufsätzen nicht immer ohne sie aus, aber richtig Saft und Kraft haben *Bereich, Aspekt, Vermeidbarkeit, Perspektive* und Co. nicht. Wenn du merkst, dass du viele solcher Wörter in deinem Text hast, dann solltest du die Notbremse ziehen, sonst liest er sich wie dieser Satz aus der Zeitung:

> Rasse, Religion, Sprache und Nationalität sind altbekannte Kriterien für eine Kategorisierung und Viktimisierung der Menschen. Heute, mit dem Aufkommen der genetischen Revolution, nimmt die Gesellschaft eine neue, noch ernstere Form der Sonderung in den Blick: die Einteilung nach dem Genotyp.

Da sehnt man sich nach einfachen Worten wie Gras, Pferd, Wolke oder Haus, die sofort ein Bild im Kopf entstehen lassen, oder stark »gefühlshaltigen« Substantiven wie Liebe oder Hass. Oft kann man nach der Faustregel gehen: Je länger und abstrakter ein Wort, desto schlechter. Auf deine persönliche Abschussliste kannst du sowohl vermeidbare **Fach- und Fremdwörter** als auch die meisten Wörter setzen, die mit *-ung* enden. Diese sogenannten »Substantivierungen« sind eigentlich nur bei Beamten beliebt, frei nach dem Motto: »Eine erneute Zahlung der Leistung ist nur unter der Voraussetzung möglich, dass eine sofortige Meldung bei der Abteilung Arbeitsvermittlung erfolgt.« Warum nicht so: »Wir können das Geld nur dann weiterzahlen, wenn Sie sich sofort beim Arbeitsamt (Abteilung Arbeitsvermittlung) melden«? Wenn du natürlich einen offiziellen

Stil nachmachen willst, dann pfeffere so viele Substantivierungen wie möglich in deinen Text.

Gegen abstrakte Texte hilft es, Sprachbilder zur Hilfe zu nehmen, oder genauer gesagt Metaphern und Vergleiche. Eine **Metapher** ist zum Beispiel, wenn man bei einer blonden Frau von »ihrer Löwenmähne« spricht. **Vergleiche** erkennt man dagegen am Wörtchen *wie* (»Das Geräusch des alten Motors klang *wie* der rasselnde Atem eines Kettenrauchers«). Hier ein Beispiel aus *Nichts als Tiere im Kopf*, der Autobiografie des Tierschützers und Zoodirektors Gerald Durrell. Gerald ist gerade an seinem neuen Arbeitsplatz angekommen und beschreibt die Hütte der Löwenwärter:

> Das Mobiliar war von klösterlicher Schlichtheit – drei Stühle in verschiedenen Stadien des Verfalls, ein Tisch, der, sobald etwas draufgestellt wurde, tänzelte und bockte wie ein nervöses Rennpferd *(Vergleich!)* und ein wunderlicher schwarzer Ofen, der schmollend Rauch zwischen seinen Eisenzähnen entließ *(Metapher!)* und unglaubliche Mengen von Glutasche von sich gab.

Wenn es dir gelingt, ein originelles Bild zu schaffen – und das geht auch mit weniger Adjektiven, die so gehäuft wie bei Durrell schnell übertrieben wirken können –, dann ist dir die Aufmerksamkeit deiner Leser sicher. In Milan Kunderas Roman *Die unterträgliche Leichtigkeit des Seins* heißt es zum Beispiel:

> Nicht die Eitelkeit zog sie vor den Spiegel, sondern die Verwunderung darüber, das eigene Ich zu sehen. Sie vergaß, dass sie auf das *Armaturenbrett ihrer Körperfunktionen* schaute. Sie glaubte, ihre Seele zu sehen, die sich in ihren Gesichtszügen offenbarte. Sie vergaß, dass *die Nase nur das Ende des Luftschlauches zur Lunge ist*, und sah darin einen getreuen Ausdruck ihres Charakters.

Doch der Versuch, seinen Text mit Bildern anzureichern, kann misslingen, wenn ein Sprachbild kitschig (»der silbrige Atemhauch des

Passatwindes«) oder veraltet (zum Beispiel »Dampfross« für Lokomotive) ist. Am besten wirken Metaphern, wenn sie frisch ausgedacht sind. Man muss allerdings aufpassen, dass man keine **schiefen Bilder** produziert: »Es gelang dem Diktator, dem Keim der revolutionären Bewegung den Boden unter den Füßen wegzuziehen« wäre eins von dieser Sorte. Denn ein Keim hat keine Füße, also kann man ihm keinen Boden darunter wegziehen. »Zahnlücken nicht auf die leichte Schulter nehmen«, textete die Zahnärztekammer Bremen in einer Presseinformation und lag damit ebenso daneben. Oft kommt es auch vor, dass ein Vergleich hinkt oder zu überzogen ist. Zum Beispiel »Die Wolken kollerten über den Himmel wie Billardkugeln.« Der Vergleich taugt nichts, weil Wolken nicht rollen und das Wort »Billardkugel« außerdem sofort das Bild von Kugelwolken erzeugen, die ziemlich selten sein dürften.

Auch wenn deine Vergleiche gekonnt sind, solltest du sie nicht geballt, sondern gezielt einsetzen. Wenn es sie in Dosen im Supermarkt gäbe, würde der Hersteller wahrscheinlich den Hinweis »Sparsam verwenden« auf das Etikett drucken!

Würzen mit Verben

Gut für einen Text sind reichlich **Verben**, Tätigkeitswörter: *springen, jammern, schmuggeln, erzählen*. Sie machen den Text lebendig, bringen ihn buchstäblich in Bewegung. Ein Beispiel aus Jenny-Mai Nuyens Roman *Nijura:*

> Aus allen Straßen strömten sie zusammen. Links und rechts schlossen sich Scapa neue Gruppen an. Bemalungen aus Schlamm und Asche verbargen die ängstlichen Gesichter wie Totenmasken. Immer mehr Gestalten lösten sich aus der Dunkelheit, schleichend, geduckt, und vereinten sich zu einer Armee. Aus jeder Gasse, aus jedem Winkel der Stadt schlüpften neue Schatten, und das Heer wuchs hinter Scapa. Hinter Scapa und Arane.

Der Tipp mit den Verben gilt nicht nur für solche Stellen, in denen viel geschieht, sondern genauso für ruhigere Passagen. Aber nicht für alle Verben, sondern nur für diejenigen, die – so definiert es der Journalist Wolf Schneider – Handlung und Kraft tragen. Beliebt bei politischen Diskussionen, aber blutleer und künstlich sind dagegen »problematisieren« oder »sensibilisieren«. Am besten, du machst um alle Verben, die auf *-ieren* enden, einen Bogen. Blass sind auch die Wörtchen »haben« und »sein«, »sich befinden« oder »es gibt«.

Vorsichtig solltest du bei einer anderen Art von Wörtern sein: den **Adjektiven,** Eigenschaftswörtern wie *hübsch, verträumt, prickelnd, hoch, grün, staubig*. Das gleiche gilt für **Adverbien**, Umstandswörter, die das Verb genauer beschreiben. Zwar machen beide Wortarten den Text anschaulich und geben ihm Details, damit man sich die Personen, Gegenstände und Handlungen genauer vorstellen kann. Manchmal sind sie auch nötig, weil sie dem Leser irgendetwas vermitteln, was er unbedingt wissen sollte: Hat Pete die blaue Jacke geklaut oder die schwarze? Doch viele Adjektive sind unnötig, reine Füllwörter, die den Text schwülstig machen. Zu diesem Thema ein Auszug aus einem Arzt-Roman-Groschenheft:

> Ein Zitronenfalter schwebte *suchend* (Adverb!) über die *üppig blühenden* (Adjektiv!) Geranien der *riesigen* Blumenschale, die *dekorativ* neben der Treppe zum Garten prangte. Er taumelte, ließ sich von der *leichten* Brise davontragen, setzte sich auf Alexandras *leuchtendroten* Pullover. Mit einer *sanften* Handbewegung scheuchte sie ihn davon.

Falls du dazu neigst, viele Adjektive zu benutzen, dann ist das nicht unbedingt schlecht – jeder Autor handhabt das anders. Aber du solltest dich bei jedem Eigenschaftswort fragen, ob es wirklich nötig ist. Viele gute Autoren kommen sogar fast ohne Adjektive aus wie Peter Handke in *Die Angst des Tormanns beim Elfmeter*:

> Am späten Nachmittag fuhr er mit der Straßenbahn hinaus ins Stadion. Er nahm einen Stehplatz, setzte sich dann aber auf die Zeitungen, die er noch immer nicht weggeworfen hatte; dass ihm die Zuschauer vorne die Sicht verstellten, störte ihn nicht. Im Laufe des Spiels setzten sich die meisten. Bloch wurde nicht erkannt.

Diese schnörkellosen Sätze wären durch jede Menge überflüssiger beschreibender Wörter (zum Beispiel die »blaue, ratternde Straßenbahn«, »die zerknitterten, bunten Zeitungen«) nur geschwächt worden.

Für Adjektive gilt das gleiche wie für Substantive und Verben: Vermeide Abgenutztes. »Knisternde Spannung« bringt den Leser eher zum Gähnen, und »glutäugige Italiener« bestenfalls deinen Deutschlehrer zum Seufzen. Auf Nichtssagendes wie *interessant, nett, groß* oder *schön* verzichtet man ebenfalls besser Wenn man den Satz »Sie hatte schöne Zähne« liest, kann man sich kaum etwas darunter vorstellen, unter »Sie hatte sahnefarbene, völlig regelmäßige Zähne« dagegen einiges. Um Adjektive loszuwerden, ohne ganz auf die Sinneseindrücke zu verzichten, die sie vermitteln, wandelt man sie am besten in Verben um. Als Beispiel hier ein Satz voller Adjektive:

> Ein stinkendes, graues, fransiges, flohverseuchtes Fell hing an der Garderobe.

Das mit dem Stinken kannst du in ein Verb umwandeln, weil es eine Tätigkeit ist, und auch das mit den Flöhen lässt sich in Verbform besser formulieren. Die neue Fassung klingt so:

> Das graue, fransige Fell, das an der Garderobe hing, stank derart, dass ich mir sofort die Nase zuhalten musste. Außerdem hüpften Flöhe darin herum, als ich es mir aus der Nähe ansah.

Man kann auch starke Effekte herausholen, wenn man normale Adjektive auf ungewohnte Art einsetzt. Wenn man zum Beispiel eine Müllkippe malerisch nennt, ist der Leser verdutzt. Auch Bilder aus ganz verschiedenen Bereichen zu vermischen, kann gut funktionieren (wie hier in einem Gedicht von Johannes R. Becher):

> Der Dichter meidet strahlende Akkorde.
> Er stößt durch Tuben, peitscht die Trommel schrill.
> Er reißt das Volk auf mit gehackten Sätzen.

Schlimmer als Adjektive sind **Füllwörter,** weil sie nichts aussagen und den Text aufblähen. Sie rutschen einem beim Schreiben genauso rein, wie man beim Sprechen unwillkürlich »ähm« oder »total« sagt. Bei der Überarbeitung solltest du Jagd auf diese Wörter machen und so viele wie möglich herausstreichen. Abschusskandidaten sind zum Beispiel: *Nun, ja, dann, doch, ganz, irgendwie, durchaus, eigentlich, dabei, allerdings, natürlich, überhaupt.* Auch Wörter wie *absolut* und *relativ* kannst du leicht entbehren. Der Test ist einfach: Streich das Wort und schau nach, ob man es vermisst. Wenn nicht, dann hast du gerade eine gute Tat vollbracht.

TRAINING

Eindampfen! Nimm dir eine Seite deiner Geschichte vor und kürze sie um ein Drittel – gehe sie Satz für Satz, Wort für Wort durch. Was kannst du entbehren, was ist wichtig? Wahrscheinlich wirst du merken, dass die Geschichte durchs Kürzen besser wird, nicht umsonst nennt man es auch »straffen« oder »eindampfen« (Wenn man eine Suppe lange köcheln lässt, wird der Geschmack intensiver).

Wenn du schon dabei bist, kannst du gleich auch Wörter, Sätze oder ganze Szenen streichen, die überflüssig sind, weil sie weder die Handlung voranbringen, noch zur Atmosphäre oder der Charakterisierung der Personen beitragen. Wenn du einen Drucker benutzt, dann könntest du dir vorstellen, dass jeder Ausdruck 10 Cent pro Seite kostet und du alles von deinem Taschengeld bezahlen musst. Dann wirst du von alleine alles Unwichtige rauswerfen, bevor du deinen Text ausdruckst!

Ich weiß: Streichen tut weh, auch Profis fangen in solchen Situationen oft fürchterlich an zu jammern. Leichter entbehrlich sind die sogenannten »Redundanzen«, **Dopplungen**: Man wiederholt sich beim Schreiben und merkt erst, wenn man seinen Text noch einmal durchliest, dass man Aussagen mehrmals gemacht hat. Wenn das keine Absicht war, raus damit.

Bei Texten, die für deinen Deutschlehrer bestimmt sind, solltest du mit Jugendslang *(abgefahren, cool, total, geil, fett, etc.)* sparsam umgehen, aber in erzählenden Geschichten sind diese Ausdrücke in Ordnung. Besonders natürlich in Dialogen – die Leute sollen ja so reden wie in Wirklichkeit, **Schimpfwörter** inklusive!

Ganz unabhängig von deinem »normalen« Stil: Wenn du in Ich-Erzählung schreibst, dann solltest du darauf achten, dass dein Erzähler auch so spricht wie der Mensch, der er angeblich ist. Wenn du aus der Perspektive eines Penners am Hauptbahnhof schreibst, dann muss der Text anders sein als aus der Perspektive eines Klassenkameraden (da kannst du reichlich »voll cool ey« reinpfeffern) oder eines Fünfjährigen. Bei J. D. Salingers *Fänger im Roggen* weiß man gleich, dass die Hauptperson ein rebellischer Teenager ist, man merkt es am Ton:

> Falls Sie wirklich meine Geschichte hören wollen, so möchten Sie wahrscheinlich erstmal wissen, wo ich geboren wurde und wie ich meine verdammte Kindheit verbrachte und was meine Eltern taten, bevor sie mit mir beschäftigt waren, und was es sonst noch an David-Copperfield-Zeug zu erzählen gäbe, aber ehrlich gesagt habe ich keine Lust, das alles jetzt aufzurollen.

Die Ausnahme ist natürlich, du willst einen witzigen Effekt erzielen, zum Beispiel wenn ein gerade mal zweijähriges Kind sehr hochgestochen redet. Ein gutes Beispiel für so etwas: Baby Herman aus dem Film *Falsches Spiel mit Roger Rabbit,* der erst seine Rolle als krähender Kleiner im Kinderwagen spielt und nach Drehschluss Zigarre raucht und mit coolen Sprüchen nur so um sich wirft.

Von Bandwurmsätzen und umklammernden Verben

Manche Autoren sind für ihre langen Sätze bekannt: Bei Thomas Mann dauert es manchmal ewig, bis endlich ein Punkt kommt, und Marcel Proust führt einen Satz nicht selten über mehrere Seiten. Andere Autoren scheinen eine Abneigung gegen Kommas zu haben und schreiben in kurzen, atemlos klingenden Sätzen. Beide Extreme haben ihre Existenzberechtigung in der Literatur, aber für viele Leser sind sie anstrengend. Am angenehmsten ist für sie ein Wechsel von langen und kurzen Sätzen. Hier ein Beispiel für einen altmodischen Schachtelsatz:

> Kein gewöhnliches Schloss war mir das Belvedere, und kein festlicher Pavillon auf der Höhe, kein Triumphbogen nach einem Siege, und kein luftiges Traumgebilde, die Last des Steines hatte es überwunden und war doch mehr als ein Feldherrnzelt am Rande des Schlachtfeldes, heiter und leicht war es gebaut, das Beste von Deutschen, Franzosen und Italienern vereinigte es in sich, gewaltig reckte es sich gegen Norden, sanft schmiegte es sich gegen Süden an und spiegelte sich selbst gefällt in dem großen Becken des Teiches, keusch ist es und eitel zugleich – und aus der Tiefe des Gartens, vom Rennweg her klingt wie das Echo einer stolzen Arie das Untere Belvedere auf, und dazwischen liegt der Park, den ich so oft durchwandert, der mich so oft getröstet, mit Hecken, Teichen, Beeten, Becken die Formen der Fensterrahmen wiederholend in jenen beglückenden Schwüngen.

Wetten, dass du nicht die Geduld gehabt hast, dieses Monster ganz durchzulesen? Bei so langen Sätzen hat man den Anfang längst vergessen, wenn man am Punkt angekommen ist. Aber auch der gegenteilige Stil ist nicht das Wahre. Lies diese Passage mal laut vor:

> Lilly kroch aus ihrem Zelt hervor. Es war Morgen. Die Sonne schien. Lilly gähnte. Ihre Augen waren noch vom Schlaf verklebt. Langsam wusch sie sich im Bach. Ihr T-Shirt war völlig verdreckt. Der eine Ärmel war zerrissen. Sie holte sich ein neues aus der Tasche.

Das wirkt abgehackt und stotterig, weil man die Stimme bei jedem Satzende absenkt und automatisch eine Pause macht.

Beide Beispiele wären leicht zu retten – dem **Endlos-Wörterwurm** täten ein paar mehr Punkte gut und die **kurzen Sätze** könnte man zum Teil durch Kommas oder verbindende Wörter wie »und« geschmeidiger machen (»Ihr T-Shirt war völlig verdreckt und der eine Ärmel war zerrissen.«). Das Fazit: Ob du lange oder eher kurze Sätze schreibst, ist eine Frage deines persönlichen Stils. Aber wenn ein Satz über – sagen wir – mehr als fünf Zeilen geht, dann solltest du lieber zwei oder mehr Sätze daraus machen.

TRAINING

Lies dir eine Seite deiner Geschichte laut vor und achte auf den Rhythmus und die Melodie deines Textes. Vielleicht spürst du jetzt schon, ob deine Sätze arg kurz sind oder dir ein zu langer oder holpriger Satz reingerutscht ist. Beim Vorlesen fallen einem auch Dinge wie Wortwiederholungen auf, die man sonst nicht bemerkt hätte.

Gerade lange Sätze treiben Simultandolmetscher regelmäßig zum Wahnsinn, weil das das Verb in der deutschen Sprache oft ganz am Ende steht. Der Leser oder Zuhörer darf so lange herumrätseln, was eigentlich gesagt werden soll, bis das Tätigkeitswort endlich nachhinkt. Besonders prickelnd ist das bei Verben, die auseinandergerissen werden und den Hauptteil des Satzes »umklammern«, zum Beispiel *feststellen, ankommen* oder *herausplatzen*. Dann entstehen Satzungetüme wie

> Er *kam* im Morgengrauen, als die Züge noch den dichten Neben über den Feldern Niedersachsens zerschneiden mussten, auf dem schweigenden, vernachlässigt wirkenden Bahnhof in Untersiggingen mit seinem bröckelnden Putz und trostlosen Wartenhäuschen *an*.

Das Rezept dagegen: Zieh das Verb möglichst weit nach vorne, damit man möglichst früh erfährt, worum es geht. Der Satz würde dann so anfangen:

> Er *kam* im Morgengrauen *an*, als…

Kritisch wird es auch mit normalen Verben, wenn Nebensätze und Einschübe zwischen den eigentlichen Satz geleimt werden. Irgendwann hat das Gebilde so viele Ebenen, dass der Leser (ganz zu schweigen vom Zuhörer) überhaupt nicht mehr durchblickt. Ein schönes Beispiel findet sich in Jonathan Swifts *Gullivers Reisen*:

> So erzählte man mir, dass eine Dame des Hofes, die mit dem Premierminister, einem sehr liebenswürdigen Herrn, der zugleich der reichste Mann von Laputa ist, verheiratet war und viele Kinder hatte, eines Tages, obwohl der Minister sehr zuvorkommend zu ihr war und sie in dem vornehmsten Palast der Insel wohnten, auf und davon *ging*.

Der Journalist Wolf Schneider empfiehlt, Einschübe auf höchstens neun Wörtern zu begrenzen. Mehr kann sich der moderne Leser, wie Untersuchungen ergeben haben, nicht mühelos merken. Damit der Leser nicht auf die Folter gespannt wird, solltest du die Hauptaussage im vorderen Teil bringen und Einschübe in angehängte Nebensätze oder ganz eigenständige Sätze umwandeln. Swift hätte es zum Beispiel so machen können:

> So erzählte man mir, dass eine Dame des Hofes, die mit dem Premierminister verheiratet war, auf und davon ging. Sie tat es, obwohl der Minister, der reichste Mann von Laputa, ein sehr liebenswürdiger Herr ist und immer zuvorkommend zu ihr war. Die beiden wohnten im vornehmsten Palast der Insel und hatten viele Kinder.

Auch bei Aufzählungen solltest du das Verb möglichst weit nach vorne ziehen. Du schneidest einfach die störenden Informationen aus der Mitte heraus und koppelst sie stattdessen ans Satzende an. Also nicht: »Ich hatte in Englisch, Mathe, Chemie, Physik, Deutsch, Informatik und anderen Fächern eine Note bekommen, mit der ich nicht ganz zufrieden war«, sondern: »Ich hatte in vielen Fächern eine Note bekommen, mit der ich nicht ganz zufrieden war, zum Beispiel in Englisch, Mathe, Chemie, Physik, Deutsch und Informatik.«

Noch ein paar Hinweise, die dem Stil gut tun:

- Achte auf die **Bezüge**. Häufig passiert es, dass man in einem Text nicht genau weiß, wer spricht oder wer gemeint ist: »Obwohl es regnete, führte Daniel seinen kleinen weißen Hund Soccer aus. Er war unruhig und gereizt.« Daniel oder der Hund? Also besser: »Der Terrier war unruhig und gereizt.« Oder man erwähnt einfach den Namen noch mal. Achte bei der Überarbeitung besonders auf Passagen, in denen die Bezüge durcheinandergeraten können.
- **Variiere die Satzanfänge**: Lass deine Sätze nicht zu oft mit »Dann«, »Sie«, »Er«, »Ich«, »Der«, »Die« oder »Das« anfangen, außer du machst es absichtlich. »Und« als Satzanfang ist eigentlich in Ordnung, bei Deutschlehrern aber nicht sonderlich beliebt. Meist kannst du den Satz ganz einfach umbauen, so dass etwas anderes am Anfang steht.
- Verwende nicht zu viele **Ausrufungszeichen**, das wirkt zu aufgeregt. Es ist in Romanen auch nicht üblich, mehrere Satzzeichen hintereinander zu verwenden!!! :-)

- Ein Text lässt sich leichter lesen, wenn du die Sätze nicht einfach aneinander knallst, sondern **Absätze** machst. Jedes Mal, wenn ein Sinnabschnitt endet und ein neuer Gedanke beginnt, könnte ein Absatz kommen. Bei Dialog wird meist ein Absatz eingefügt, wenn eine andere Person zu sprechen beginnt. Schau dir ganz bewusst in deinen Lieblingsbüchern an, wie das mit den Absätzen dort gelöst ist. Du wirst sehen, wenn du Absätze eingefügt hast, sieht deine Textseite gleich viel lockerer und luftiger aus und nicht wie eine »Bleiwüste«.
- **Erzähle möglichst nicht im Passiv**: Das Passiv ist weniger kraftvoll als Aktiv-Konstruktionen und verbirgt, wer eigentlich die handelnde Person ist. Man erkennt es am Wörtchen »werden«. Im Passiv würde es heißen »Im Herbst werden die Kühe zusammengetrieben«, im Aktiv »Im Herbst treiben Cowboys die Kühe zusammen.« Natürlich braucht man das Passiv manchmal auch, zum Beispiel bei Kochrezepten (»Das Fleisch wird kurz angebraten«), wenn derjenige, der die Handlung vornimmt, nicht wichtig ist (»Um 19 Uhr wird die Ausstellung geschlossen«) oder absichtlich nicht erwähnt werden soll.
- **Vorsicht vor doppelten Verneinungen** – wenn man zweimal »nicht« schreibt, dann bedeutet das das Gegenteil! Auch Profis fallen auf diese sogenannte doppelte Verneinung herein. So textete beispielsweise die Berliner Zeitung die wunderbare Überschrift: »Zweifel nicht ganz ausgeschlossen. Jürgen van Essen (FDP): Es ist nicht sicher, dass Gysi nicht doch kein IM war«. Alles klar? Verneinende Wörter, die man gerne übersieht, sind *nirgends, kein, alles andere als, weder-noch.*

Lebendig erzählen

So, jetzt weißt du einiges darüber, wie man die schlimmsten stilistischen Fallstricke vermeidet. Aber selbst wenn man all das beachtet, hat man noch nicht automatisch einen guten Text. Deshalb findest du in diesem Abschnitt noch ein paar Tricks, mit denen man einen Text anschaulich machen kann.

Einer dieser Kunstgriffe ist, dem Leser **Details** zu liefern, damit er sich die Situation besser vorstellen kann. Wie klang es genau, als sie hustete? War es ein damenhaft-verlegenes Hüsteln, ein rasselnder Raucherhusten, das Husten von jemand, dem ein Stück Karotte in der Kehle steckengeblieben ist? Welche Farbe hatte ihr rosa T-Shirt wirklich: Neon-pink, lachsfarben oder babyrosa? Wenn dein Satz »Ein Vogel flog vor uns über den Pfad« lautet, könnte man ihn mit Details viel anschaulicher machen. Was für ein Vogel war es, eine Schwalbe, eine Amsel, ein Spatz? Äußerlich, von ihren Bewegungen und von ihren Lauten her sind das völlig verschiedene Tiere, und gerade die pfeilschnelle, elegante Schwalbe hätte ein anderes Verb verdient als »flog«. Besser als »viele Menschen« oder »schlechtes Wetter« wäre, wenn du beschreibst, wie voll oder wie schlecht es war, wie es aussah und sich anfühlte. Also zum Beispiel: »der Platz war so voll, dass manche Leute sogar auf Laternenpfähle kletterten, um nicht in der Menge erdrückt zu werden« und »es regnete so stark, dass ich in Sekunden so nass war, als hätte ich mich unter die Dusche gestellt«. Damit dein Text auf diese Art nicht dreimal so lang wird, kannst du, wenn du schon relativ erfahren beim Schreiben bist, probieren, die Atmosphäre mit möglichst wenigen Andeutungen zu vermitteln. Du gibst sozusagen nur das richtige Stichwort, den Rest macht die Fantasie des Lesers. Das hilft auch, Adjektive zu sparen.

Erinnerst du dich noch an den Tipp, dass man Beschreibungen mit vielen Sinneneindrücken wie Gerüchen, Geräuschen, Geschmack und so weiter anreichern sollte? Im Grunde gilt das für den ganzen Text. Du wirst sehen, er wird dadurch sofort anschaulicher. Noch wichtiger ist aber der folgende Trick, mit dem du deine Texte lebendiger gestalten kannst. Er lautet **»Zeigen, nicht erzählen.«** Wenn man eine Situation erzählt, dann berichtet man das, was geschehen ist; man erzählt es nach, referiert es. Das macht Sinn, wenn man etwas stark verkürzt darstellen möchte, sozusagen im Zeitraffer. Aber viel besser ist das Zeigen, das unmittelbare Darstellen mit Dialog, weil es das, was geschieht, lebendig macht. Das hier wäre eine Szene in »erzählter« Form:

> Nach ihrem ersten Auftritt sah Siri nach langer Zeit ihren »Bruder« Janne wieder. Janne bewunderte sie und war auch ein bisschen frech, was Siri verlegen machte. Sie ließ sich zu einem Treffen überreden.

In Charlotte Kerners Buch *Blueprint*, in dem übrigens die Geschichte eines Klons erzählt wird, wird diese Szene »gezeigt«. Das klingt so:

> Als die beiden mit einem knallbunten Blumenstrauß für Siri hinter die Bühne kamen, pfiff Janeck anerkennend durch die Zähne. »Kleine Schwester, was ist nur mit dir passiert? Du wirst ja schon eine richtige Ach-bitte-küss-mich-Frau.« Und er drückte ihr ganz frech einen Kuss auf den Mund.
>
> Siri wusste nicht, wohin mit ihren Händen und wohin sie schauen sollte. »Lass das«, sagte sie. »So etwas machen große Brüder nicht.«
>
> »Das habe ich vergessen«, sagte Janeck und knuffte sie in die Seite. Leise sagte er zu Siri: »Kommst du mit ins Gewölbe? Wir hängen neue Wünsche auf.« Siri schüttelte den Kopf, aber sie lächelte dabei. Janne ließ nicht locker und so verabredeten sie sich flüsternd für den nächsten Nachmittag.

Aber was ist, wenn du einen Sachtext schreiben musst? Keine Sorge, auch Sachtexte kannst du aufpeppen – mit **Beispielen und Vergleichen**. Wenn du zum Beispiel etwas über Sensoren schreiben musst, die UV-Strahlung im Sonnenlicht messen, dann könntest du deinen Text mit Beispielen, wie man ihn einsetzen könnte, interessanter machen: Eine Familie geht im Gebirge wandern oder legt sich an den Strand, währenddessen passiert technisch dieses und jenes im Sensor, dann nach ein paar Stunden gibt das Gerät dann Alarm, weil die UV-Dosis zu hoch ist und ein Sonnenbrand droht.

In Texten viele Zahlen und Daten zu bringen ist nie besonders leserfreundlich, ob es nun um das Alter aller zehn beteiligten Hauptpersonen geht, die auf der ersten Seite vorgestellt werden oder um

3,5 Gigabyte Speicher. Im ersten Fall könnte man das Alter entweder nach und nach einflechten oder weglassen, im zweiten die Höhe eines Bücherstapels erwähnen, der die gleiche Datenmenge enthielte. Solche Vergleiche machen es sehr viel leichter, sich eine Größenordnung vorzustellen.

Wie man gekonnt Vergleiche anstellt, zeigen Nachrichtenmagazine regelmäßig in ihren Beiträgen über Wissenschaftsthemen. Darin müssen sie das Kunststück zustande bringen, eine sehr komplizierte Angelegenheit so zu erklären, dass es auch Helga Normalleserin es verstehen kann. Das fängt bei einem einfachen Vergleich an, der es leichter macht, sich eine Größeneinheit vorzustellen:

> Ein Forschungsziel der Computerpioniere: Sie wollen den Rechner auf einen Kubikmillimeter schrumpfen lassen – die Größe eines Stecknadelkopfes oder eines mittleren Sandkorns.

Die Entschlüsselung des menschlichen Erbguts inspirierte das Magazin *Der Spiegel* zu einer wahren Vergleiche-Orgie:

> Noch haben die Forscher eine Menge zu tun. Was sie bis jetzt geleistet haben, sieht aus wie ein Text in einer fremden Sprache, in dem die Wörter nicht getrennt sind, Punkt wie Komma fehlen und Sätze durch lange Strecken sinnlosen Gebrabbels unterbrochen werden. Ein Buchstabenwurm mit schier endlosen Ausmaßen liegt vor ihnen Er besteht aus drei Milliarden Zeichen, die aneinander gereiht – gäbe man jedem Symbol einen Millimeter Platz – länger wären als die Donau. Wollte ein Verlag eine Art Buch des Lebens daraus zusammenstellen, bräuchte ein Vorleser ein Jahrhundert, den Text vorzutragen.

Bei Vergleichen muss man immer etwas herumrechnen, um ein passendes Gegenstück zu finden. Also Taschenrechner bereithalten! Die nötigen Daten und Fakten findest du im Internet – wo du auf seriöse Quellen achten musst! – , in Lexika und in Büchern wie dem »Fischer

Weltalmanach«. Wenn man zum Beispiel einen Größenvergleich für das Land Israel sucht, kann man dort mit Hilfe der Quadratkilometer-Angaben schnell herausfinden, dass es gerade mal halb so groß ist wie Niedersachsen. Das bringt einem richtig zu Bewusstsein, wie klein es ist.

Gedichte und Songtexte schreiben

Du würdest dich wahrscheinlich wundern, wenn du wüsstest, wie viele von deinen Klassenkameraden ebenfalls Gedichte schreiben. Oft ist Liebeskummer oder Verliebtheit der Auslöser. So war es auch bei Bjørn Jagnow, der mittlerweile mehrere Romane veröffentlich hat: »Zum Glück kam es nicht so oft vor, dass ich Liebeskummer hatte, aber wenn es mich wirklich erwischt hat, dann umso schlimmer. Manchmal musste ich dann schreiben. Manchmal ging es gar nicht. Kaum einer dieser Texte hat die Gefühle überlebt, aus denen er entstanden ist. Trotzdem habe ich es als hilfreich in Erinnerung, das Durcheinander in mir auf ein Stück Papier vor mir zu werfen und darin eine Ordnung zu finden.«

In einem Gedicht kann man vieles ausdrücken, was man wahrscheinlich so nicht aussprechen würde, und Gefühle verarbeiten, die einen beschäftigen. Aber überlege dir ganz genau, ob du wirklich willst, dass diese Texte als Literatur betrachtet und kritisiert werden, oder ob du sie nicht besser in deinem **Tagebuch** aufbewahrst.

Vor ein paar Jahrhunderten gehörte es zum guten Ton, über die Schönheiten der Natur oder irgendeiner Prinzessin zu dichten oder die Heldentaten mythischer Figuren zu beschreiben. Heute ist man der Ansicht, dass sich als Anlass oder Idee für ein Gedicht so gut wie alles eignet, ob es das Schicksal eines Fernsehers auf einer Müllkippe ist oder die Momentaufnahme von einer Begegnung zwischen dir und einer alten Freundin. Du kannst ein bestimmtes Thema in den Mittelpunkt stellen, dich aber auch nur mit Sprache beschäftigen und ihre Grenzen ausloten. »Material« für deine Gedichte findest du in allem, was dich bewegt oder was du siehst und erlebst. »Am Anfang können bei mir besonders schöne Naturereignisse stehen, aber es fängt manchmal auch mit einem Wort oder Bild an, das ich im Kopf habe, oder einem Satz, und daraus entwickelt sich dann das Gedicht«, beschreibt es Katharina Bauer, deren Gedichte beim Wettbewerb *Schüler schreiben* ausgewählt wurden. Auch die Gedanken frei laufen zu lassen, so dass sie von einer Bedeutung zur nächsten springen, und mit Worten zu spielen, kann der Keim von Gedichten sein.

Was auch immer der Auslöser ist, schreib die erste Fassung ganz spontan auf und überarbeite das Gedicht später. Wenn du dich schon beim ersten Aufschreiben fragst, ob das so richtig ist und ob das etwas taugt, könntest du dich blockieren. Leg deiner Fantasie keine Zügel an. In der Lyrik brauchst du nicht dem Pfad der Logik zu folgen, und auch der Satzbau kann dir herzlich egal sein.

TRAINING

Gib dir irgendein **Anfangswort**, von »Kugelschreiber« bis zu »Delfin«. Dann fang an, zu diesem Wort Gedankenverknüpfungen (Assoziationen) zu finden, ein Wort führt dich zum nächsten: *Kugelschreiber, Kugelfisch, ich hasse Fisch, Schwimmen Wasser Warm* und so weiter und so weiter. Schreib auf, so schnell du kannst, damit du mit deinen Gedanken mitkommst, aber höre nach spätestens fünf Minuten wieder auf. Das ganze ist eine gute Lockerungsübung, und mit etwas Glück kannst du aus dem Ergebnis sogar ein Gedicht entwickeln.

In den nächsten Abschnitten findest du ein paar Hinweise, wie du aus solchem Rohmaterial wirklich gute Gedichte machen kannst. Es sind keine festen Regeln, die du befolgen musst. Es kann sein, dass du jeden einzelnen Tipp links liegen lässt und etwas ganz Neues schaffst.

Schreibe auf jeden Fall das, was du willst, und lass dir nicht die Lust daran nehmen, einfach mal schnell zum Spaß ein Gedicht zu schreiben. Was du hier findest, sind einfach nur Ideen, die du aufgreifen kannst, und Hinweise von erfahrenen Dichtern.

In Bildern sprechen: »Ich kam im Herzen bis nach Grönland«

Gute Gedichte beschreiben nicht einfach, wie der Autor sich fühlt und was er denkt, sondern sie erzeugen diese Gefühle im Leser. Du kennst das bestimmt: Manchmal schafft es ein Text, dich tief im Inneren zu berühren, dich in eine besondere Stimmung zu versetzen. Deshalb bringt es beim normalen Lesen auch wenig, ein Gedicht lang und breit zu analysieren – denn das Geheimnis ist ja gerade, dass gute Lyrik *nicht* deinen Verstand anspricht, sondern tiefere Schichten deines Ichs. Du musst ein Gedicht nicht verstehen, um es zu verstehen. Es spricht in Bildern. So wie diese beiden Strophen aus *Wintermusik* von Sarah Kirsch:

> Bin einmal eine rote Füchsin ge-
> Wesen mit hohen Sprüngen
> Holte ich mir was ich wollte.
>
> Grau bin ich jetzt grauer Regen.
> Ich kam bis nach Grönland
> In meinem Herzen.

Es hat eine bessere Wirkung, wenn du einen Gedanken nicht wörtlich hinschreibst, sondern ein Bild dafür finden kannst, ihn in die **Sprache der Poesie** »übersetzt«. Das macht ihn nicht nur viel interessanter und anschaulicher, sondern meist auch wunderbar mehrdeutig – deshalb kann man Gedichte oft auf viele verschiedene Arten auslegen. Wie man eine Aussage in ein Bild umsetzt, zeigt zum Beispiel das Gedicht »Aus der Traum II« von Anna Asconti. Ohne Bilder würde es in etwa lauten:

Aus der Traum II

Auch dieser Mann
War doch nicht wie erträumt.

Sondern nur ein armer Angeber,
den seine Freundinnen ausgenommen
und dann rausgeworfen haben

Traumtyp ade!

Anna Asconti hat das jedoch (zum Glück) nicht so geschrieben, sondern in Bilder umgeformt. Das Original klingt so:

Aus der Traum II

Aus der Traumasche steigt auch diesmal
Leider kein Phönix

Sondern nur der gerupfte Gockel
Den die
Dummen Hühner
Auf den
Scheiterhaufen warfen.

Was übrig bleibt
Ist
Was fehlt.

Oder ein Beispiel von Hilde Domin. Jemand anderes würde einfach sagen: »Bleib offen für Wunder«, sie sagt:

Nicht müde werden
sondern dem Wunder
leise
wie einem Vogel
die Hand hinhalten.

Hilde Domin aktiviert das **innere Auge des Lesers**, so dass man sich vorstellen kann, wie das Wunder aussieht (vielleicht Blau-Lila, zart und durchsichtig, schimmernd), wie es heran schwebt und es sich auf der flachen Hand niederlässt. Ein Dichter ist eigentlich besser dran als ein Fotograf, weil er eine bestimmte Szene nicht nur als eindeutiges, zweidimensionales Bild präsentieren muss. Er kann im Gehirn einen Bildeindruck hervorrufen, komplett mit Gefühlen und Stimmungen. Du brauchst das Sprachbild deshalb nur zu skizzieren, viel kannst du auch der Fantasie des Lesers überlassen. Wenn ein Dichter die Kunst beherrscht, auf diese Weise mit wenigen Worten oder Sätzen viel zu vermitteln, sagt man manchmal auch bewundernd »Das ist ein sehr dichter Text!«. Ein Beispiel ist Ezra Pounds ultrakurzes Gedicht *In einer Station der Metro*:

Das Erscheinen dieser Gesichter in der Menge:
Blütenblätter auf einem nassen, schwarzen Ast.

Ohne dass er mehr Beschreibung liefern und ins Schwafeln geraten muss, weiß man, was er meint. Eine zweite Möglichkeit ist, dass du anschauliche Details lieferst und das Gedicht dadurch lebendig werden lässt. Das macht Hans Magnus Enzensberger in *Ein Hase im Rechenzentrum*. Ein Auszug daraus:

Die bebende Oberlippe
zuckend im Neonlicht,
die großen Augen starr
auf den Bildschirm gerichtet,
trommelt er panisch
gegen das graue Linoleum.

Dann, es ist drei Uhr früh,
der letzte Plasmaphysiker
ist nach Hause gegangen,
schnellt er plötzlich hoch
und jagt im Zickzack
zwischen Monitoren
und stotternden Druckern
durch den verlassenen Raum.

Hans Magnus Enzensberger beschreibt genau (von der Farbe des Linoleums bis zum Gesicht des verängstigten Hasen), baut Farben und Geräusche ein und arbeitet mit vielen Verben. Durch sie ist das Gedicht voller Bewegung: Der Hase bebt, zuckt, trommelt, schnellt hoch, jagt durch den Raum. An diesem Beispiel siehst du auch, wie man einem Gedicht durch reizvolle Kontraste (ein wildes Tier in einer hochtechnischen Umgebung) eine innere Spannung gibt.

Da wir gerade bei Tieren sind: Du kannst in deinen Gedichten abstrakte Ideen von Personen, Tieren oder Gegenständen verkörpern lassen (das nennt man **Allegorie** oder, wenn ein Gegenstand für etwas anderes steht, **Symbol**). Zum Beispiel kannst du die Natur als Hasen darstellen, die Freude als übermütiges junges Fohlen, das Glück als schillernd bunter Vogel oder – jetzt mal eine traditionelle Allegorie – Justitia mit ihrer Waage als verkörperte Gerechtigkeit. Natürlich eröffnet das interessante Blickwinkel: Du könntest nicht nur Justitia über ihre Probleme erzählen lassen, sondern auch einen Regentag zu Wort kommen lassen, einen Gullydeckel, oder …

Für **Bilder und Metaphern** gilt: Frisch und ungewöhnlich ist besser als klischeehaft und schon tausendmal gehört. Lösch die Ausdrücke, die dir ganz automatisch in den Kopf kommen, und verknüpfe Worte, Ideen und Bilder auf neue Arten – du wirst überrascht sein, welche wunderbar skurrile, die Fantasie anregende Dinge dabei herauskommen können. Der Autor Günter Waldmann zählt ein paar solcher kühner Metaphern auf: *vollautomatisiertes Leben* und *schmutzabweisende Trauer* zum Beispiel. Man bekommt auch interessante Begriffe, wenn man zwei sich eigentlich widersprechende Worte verknüpft. Beispiele für ein solches **»Oxymoron«** sind *beredtes Schweigen* und Sarah Kirschs Buchtitel *Schneewärme.*

Während man in Geschichten vorsichtig mit Metaphern und Vergleichen umgehen sollte, braucht man sich bei Lyrik keinen Zwang anzutun, wir befinden uns ja ohnehin schon im Reich der Bildsprache. Schon Joseph von Eichendorff spickte Anfang des 19. Jahrhunderts seine Gedichte großzügig mit Bildern (»Wolken ziehn wie schwere Träume« schrieb er zum Beispiel). Auch in neueren Texten wie zum Beispiel *Adieu* des niederländischen Schriftstellers Cees Noteboom sind Bildwörter buchstäblich der Grundstoff, aus dem das Werk wächst. Ein Auszug:

Wenn das Hochhaus weg ist, dies alles planiert ist,
und du dich als Standbild erhebst,
und ich dich berühre,

wenn mit mir alle Dinge Schmerz empfinden,
mit Trauer vernagelt sind, wenn das Nichts-mehr-Wissen
wie Schimmel durch das Gewebe schleicht,

bleibst du stehen, versilbert, verregnet, Ostwind irrt
um dich rum und um mich,
aus dem Gewöhnlichsten hab ich ein Unheil gemacht.

In Gedichten achtet man noch weit mehr als in erzählenden Texten auf die Bedeutung der **Untertöne** oder die **Symbolik** von einzelnen Worten. Beispiel Farben: Schwarz bringt man oft mit Tod in Verbindung, Rot mit Wut oder Hass. Das Wort »versilbert« erzeugt in Nootebooms Gedicht einen Eindruck von Kühle und Unnahbarkeit, weil man automatisch »Silber« und »Metall« in Gedanken verknüpft und das Gehirn dem Wort die Eigenschaften von Metall anheftet. Solche Untertöne und Verknüpfungen kannst du in in deinen Gedichten ganz bewusst nutzen, um eine bestimmte Stimmung zu erzeugen.

Reim – muss das sein?

Ein großer Teil der modernen Lyrik wird im **freien Vers** geschrieben, wie das Gedicht von Noteboom im letzten Kapitel – weit und breit kein Reim. Aber warum ist denn ein Text ein Gedicht, nur weil jemand ihn in kleine Worthäppchen zerhackt und diese dann untereinander geschrieben hat? In gewissem Sinne macht die ungewöhnliche Form den Text zum Gedicht, weil sie die Aufmerksamkeit stärker auf die einzelnen Wörter lenkt. Dadurch werden sie auch anders laut gelesen. Aber du hast schon recht, manchmal wäre das, was man eigentlich als Gedicht hingeschrieben hat, eine viel bessere Kurzgeschichte. Ob das bei deinem Text der Fall ist, wirst du merken, wenn du dir dein fertiges Werk ein paar Mal durchliest.

Natürlich gibt es noch Nischen, in denen der Reim friedlich weiterexistiert: Bei Gedichten, die auf Geburtstagsfeiern vorgetragen werden, zum Beispiel, und in manchen Songtexten, wo auf »fly« immer noch mit großer Wahrscheinlichkeit »high« oder »sky« folgt, manchmal sogar beides, wenn dem Songtexter nichts Besseres eingefallen ist. Manche Dichter und Dichterinnen entdecken den Reim wieder, da Gedichte, die sich reimen, glatter und gefälliger klingen. Auch für humoristische Effekte ist der Reim ungeschlagen.

Das **Reinschema** – also welche Zeilen sich aufeinander reimen – bestimmt, wie das Gedicht später wirkt. Schlicht und eingängig wirken die traditionellen Formen ABABAB (erste Zeile reimt sich auf die dritte und fünfte, die zweite auf die vierte und sechste) oder, wie in dem Auszug aus *Wegwerfgesellschaft* von Gerhard Rühm, das Schema AABB:

vom auto ein paar schritte träg
im mund die zigarette schräg
walkman-popgedresch im ohr
aus dem rock bleckt BILD hervor

Je weiter die Zeilen, die sich reimen, auseinander stehen, desto raffinierter klingt es. Es kommt also drauf an, welchen Effekt du erzielen willst.

TRAINING

Schreib doch mal ein Gedicht und probier aus, wie es sich verändert, wenn du es in freien Vers und dann in mehrere **verschiedene Reimformen** umschreibst, von ABAB bis ABCDA. Du kannst aber auch Reime innerhalb einer Zeile benutzen. Hör mal, wie sich das in *Der Panther* von Rainer Maria Rilke anfühlt: »Ihm ist, als ob es tausend Stäbe gäbe«…

Melodie und Rhythmus: Klangeffekte für Einsteiger

Ursprünglich waren Gedichte dazu da, laut vorgetragen zu werden. Viele der wandernden Barden und Minnesänger konnten nicht schreiben, aber dafür Hunderte von Strophen auswendig. Manche Lyriker arbeiten auch heute noch ganz bewusst mit gesprochener Sprache, mit Klang, Sprachmelodie und Rhythmus.

Man kann in ein Gedicht zum Beispiel **Geräuschewörter** (PENG, RATTER, SCHNIEF) oder **Lautmalereien** (zum Beispiel Tierstimmen: miauouuuww) einfügen oder das ganze Werk aus Lauten aufbauen … du hast den Freibrief zum Experimentieren! Kleiner Auszug aus dem Gedicht von Ernst Jandl, *krieg und so*:

t-t-t-t
t-t-t-t-
grrrmmmmm
t-t-t-t
$s^{3}_{4}c^{3}_{4}h$
tzngrmm
tzngrmm

Oder du spielst mit Gleichklängen wie Jandl in *ottos mops*:

ottos mops trotzt
otto: fort mops fort

oder mit Assoziationen wie Michael Finzer in dem Gedicht *Durst*:

lebensdurstiglustigluftigwehendbierschwerleichtberauscht

Ein anderes Beispiel von dem Satiriker Robert Gernhard – der übrigens alles, was er erlebt, zu Gedichten verarbeitete, von der »Kurzen Rede zum vermeintlichen Ende einer Fliege« bis hin zu seiner Herzoperation. Der Titel: *Diät-Lied (mit Ohrfeigenbegleitung).*

Ich freu mich auf mein Frühstück
Da schneide ich zwei Hörnchen auf
(Klatsch Klatsch)
Da schneid ich etwas Graubrot auf
und schmiere mir dick Butter drauf
und Leberwurst und
(Klatsch Klatsch)
Und schmier dünn Margarine drauf
und etwas Kräuterpaste

und reichlich Gorgonzola
(Klatsch Klatsch)
Und keinen Gorgonzola

... und so weiter. Übrigens lässt sich der Autor zum Schluss trotz immer heftiger werdenden Ohrfeigengewitters nicht mehr von den Freuden des Lebens abhalten.

Rhythmus ist aber mehr als das. Wenn du ein Gedicht liest, spürst du manchmal, dass es einem inneren Pulsschlag folgt, dass die Worte genau so gewählt worden sind, dass es wie ein Song einen bestimmten Rhythmus hat. In deinen Gedichten kannst du das über die Worte steuern, die du benutzt (sind sie kompliziert oder schwer auszusprechen, oder fügen sie sich fließend in die Zeile ein?), über die Satzlänge, über den Reim und über die Betonung in den einzelnen Worten (bei jedem Wort geht die Stimme ein klein bisschen rauf oder runter). Eine Faustregel gibt es dafür nicht, und es bringt nicht viel, hier in die Tiefen der metrischen Theorie einzusteigen – lies dir dein Gedicht einfach mehrmals vor, höre auf den Klang, achte darauf, worüber du beim Lesen stolperst, und schreib den Text so oft um, bis du das Gefühl hast, das er »stimmt«.

Ein zu Recht berühmtes Beispiel für all das, was ich in diesem Kapitel erklärt habe, ist *Der Panther* von Rainer Maria Rilke mit seinem klaren, starken Rhythmus und seinen Symbolen für Gefangenschaft:

Sein Blick ist vom Vorübergehn der Stäbe
so müd geworden, dass er nichts mehr hält.
Ihm ist, als ob es tausend Stäbe gäbe
und hinter tausend Stäben keine Welt.

Der weiche Gang geschmeidig starker Schritte,
der sich im allerkleinsten Kreise dreht
ist wie ein Tanz von Kraft um eine Mitte,
in der betäubt ein großer Wille steht.

Nur manchmal schiebt der Vorhang der Pupille
sich lautlos auf – . Dann geht ein Bild hinein,
geht durch der Glieder angespannte Stille –
und hört im Herzen auf zu sein.

Du kannst den Klang und die Melodie deines Gedichts auch steuern, indem du **Buchstabenklänge** benutzt: Die Vokale »E« und »I« lassen Worte eher heiter klingen, »O« und »U« düster, wie in Matthias Claudius' Gedicht *Der Tod:*

Ach, es ist so dunkel in des Todes Klammer,
Tönt so traurig, wenn er sich bewegt
Und nun aufhebt seinen schweren Hammer
Und die Stunde schlägt.

Das »W« wie in »Woge« oder »Welle« klingt weich und fließend, »St« wie in »Stein« oder »Stock« hart und abgehackt.

Ein netter Klangeffekt lässt sich auch mit **Alliterationen** erreichen. Das sind Wörter mit dem gleichen Anfangsbuchstaben, die in einen Satz gepackt oder sogar hintereinander gestellt werden: *Weiße Weihnacht an der Wolga.* Auch in der Alltagssprache lassen sich damit Ausdrücke einprägsamer machen »Mit Haut und Haar«, »Kind und Kegel«. Wiederholungen einzelner Wörter oder ganzer Zeilen dagegen geben dem Gedicht etwas Hypnotisches, Beschwörendes wie in diesem Auszug aus Helga M. Novaks *meine Sprache*:

du bist uns gefolgt
in die Freiheit der Neonstadt
in die Freiheit der heißen Straßenbahnen
in die dreidimensionale Buntheit der Schaufenster

Du kannst auch mit mehreren »Textschichten« arbeiten, wie es Ingeborg Bachmann in *Reklame* macht:

Wohin aber gehen wir
ohne sorge sei ohne sorge
wenn es dunkel und wenn es kalt wird
sei ohne sorge
aber
mit musik
was sollen wir tun
heiter und mit musik
und denken
heiter
angesichts eines Endes
mit musik
und wohin tragen wir
am besten
unsre Fragen und den Schauer aller Jahre
in die Traumwäscherei ohne sorge sei ohne sorge
was aber geschieht
am besten
wenn Totenstille

eintritt

In einer **Lesung** könnte man dann jede Textschicht von einem anderen Sprecher vortragen lassen. Bei Lesungen kann man ohnehin eine Menge mit Lyrik machen: Du kannst dein Gedicht zum Beispiel wie einen Rap-Song vortragen oder eine Performance mit Musik und Videoclips daraus machen.

Form und Gestalt: Malen mit Versen

Genauso, wie du ein Gedicht mit Tönen anreichern kannst, kannst du es auch optisch gestalten. Du kannst die Großbuchstaben hinauswerfen, die Zeilen einrücken und die Wörter auf der Seite verteilen, ganz wie du Lust hast – solange man das Gedicht noch halbwegs entziffern kann. Das rüttelt den Leser auf und bringt ihn dazu, die einzelnen Wörter anders zu lesen. Der amerikanische Dichter Lawrence Ferlinghetti hat das immer ausgiebig getan, zum Beispiel in *Pictures of the Gone World* (Bilder der verschwundenen Welt):

Die Welt ist ein herrliches Plätzchen
um da hineingeborn zu werden
falls man sich nicht dran stört dass Glück
nicht immer so
riesig viel Spaß bringt
falls man sich an einem bisschen Hölle dann und wann
nicht stört

Mit der Art, wie du die einzelnen Verszeilen gestaltest (»**Zeilenfall**«), prägst du dein Gedicht, gibst ihm eine Struktur. Aber du veränderst auch – wenn auch nur ganz leicht – den Sinn und verschiebst die Akzente, weil das erste und letzte Wort der Zeile immer etwas hervorgehoben ist. Da du darüber entscheidest, wo die Zeile beginnt und endet, kannst du damit beeinflussen, wie der Leser das Gedicht erlebt.

Traditionell haben Gedichte **Strophen**, aber sie müssen keineswegs – so wie früher üblich – verschiedene Sinnabschnitte kennzeichnen. Manchmal kann man einen an sich einfachen Text auch ungewohnt machen, indem man die Strophe eben gerade nicht da enden lässt, wo man es erwarten würde. Ein Beispiel von Dave Etter:

Schneelandschaft

Gelb

kriecht ein kleiner
Schulbus dahin
auf einem schmalen

Band
Schneestraße
ein Spritzer Farbe

auf der weißen
Winterleinwand
Das war

Wyoming
vom Zug aus
gestern

Richtig austoben kannst du dich bei der visuellen Lyrik, auch **konkrete Poesie** genannt. Dabei macht man die Bedeutung des Worts sichtbar, wie in diesem Auszug aus EIN SCHULDGEFÜHL von Elke Erb:

Man
hat de
n Mond
angebiss
en. Er h
ängt am
Himmel. V
ielleicht
sieht
es
k
ein
er. V
ielleicht
halten sie
ihn für una
ngebissen –

oder diesem von Timm Ulrichs:

ordnung ordnung
ordnung ordnung
ordnung ordnung
ordnung ordnung
ordnung ordnung
ordnung unordn g
ordnung ordnung
ordnung ordnung
ordnung ordnung
ordnung ordnung
ordnung ordnung

Entdecken und nachmachen: Haiku, Limerick, Sonett, Ballade

Manchmal reizt einen Autor oder eine Autorin der Kontrast, ein modernes Gedicht nach den strengen Regeln einer alten Lyrikform zu schreiben. Sicher auch aus diesem Grund sind Haikus, dreizeilige Gedichte aus der Tradition Japans und des Zen-Buddhismus, sehr beliebt. Ein **Haiku** reimt sich nicht und hat nur drei Zeilen.

Die erste Zeile darf nur fünf Silben haben,
die zweite Zeile sieben und
die dritte Zeile wieder fünf.

Haikus handeln oft von der Natur, den Jahreszeiten oder einem Gefühl oder Erlebnis des Autors. Ein Beispiel von Basho (1644-1694), einem der vier berühmtesten japanischen Haiku-Dichter:

Ein uralter Weiher.
Vom Sprung eines Frosches
ein kleiner Laut.

»Eingefangen« und beschrieben wird ein kurzer Moment, ein Ereignis, ein Eindruck oder ein poetisches Bild. Es kann tiefgründig und symbolisch sein, deshalb klingen Haikus oft geheimnisvoll. Noch zwei moderne Beispiele, eins von Johannes Ahne:

Oktoberregen
spült das Gold von den Bäumen;
niemand hebt es auf –

Und dieses von Dietmar Weigel:

Wir warten immer
Auf Kellner und harte Drinks
Züge und Freunde

»Schreib auf, wenn Du etwas siehst oder hörst, das bei Dir etwas bewegt. Versuch es in die Haikuform zu bringen, ohne Gewalt anzuwenden. Lass es ein paar Wochen liegen. Prüfe dann, ob das Haiku für dich und damit vielleicht auch für andere nachvollziehbar ist«, empfiehlt Haiku-Experte Hans-Peter Kraus.

Ebenso feste Regeln, aber mehr Witz, hat der **Limerick**. Er kommt aus Irland (Limerick ist auch der Name einer Stadt an der Westküste des Landes) und ist im 18. Jahrhundert entstanden. Meist enthält er irgendeine Pointe oder eine überraschende Wendung. Limericks bestehen aus fünf Zeilen: Zwei langen, die sich aufeinander reimen, zwei kurzen, die sich ebenfalls aufeinander reimen, und einer letzten langen Zeile, die sich wieder auf die ersten zwei reimt. Kurz, es hat das Schema AABBA und einen starken Rhythmus (einer Theorie nach waren Limericks ursprünglich Marschlieder von Soldaten). Lese es dir einfach mal laut vor:

(da) da DUM da da DUM da da DUM (da da dum)
(da) da DUM da da DUM da da DUM (da da dum)
(da) da DUM da da DUM (da)
da DUM da da DUM (da)
da DUM da da DUM da da DUM, (da da dum)

Du brauchst dich jetzt nicht sklavisch nach diesem Muster zu richten. Hauptsache das Ergebnis ist lustig! Einer der berühmtesten Limericks, der William Cosmo Monkhouse zugeschrieben wird, zitiere ich in Englisch:

There was a young Lady of Niger
Who smiled as she rode on a tiger
They returned from the ride
With the Lady inside
And the smile on the face of the tiger.

Noch eins in Deutsch:

Ein Pfarrer machte in Kamen
gerade sein Fahrschulexamen
Da stürzte ein Laster
aufs Auto samt Paster.
So kommt man durch Laster um: Amen!

Oder eins von Ernst Fabian:

Es gab einen Schützen in Zell
Der zielte daneben so schnell,
Dass alle Juroren
Den Anschluss verloren
Und jener stets dastand als Tell.

Das **Sonett** ist eine klassische lyrische Form, die schon mehrere hundert Jahre auf dem Buckel hat und schon von Goethe, Shakespeare und Brecht verwendet worden ist. Falls du Lust hast, es mal mit einem Sonett zu versuchen: Es hat 14 Zeilen, und zwar erst zwei vierzeilige Strophen (»Quartette«) und danach zwei dreizeilige Strophen (»Terzette«). Im alten England machte man es etwas anders, Shakespeare zum Beispiel verwendete drei Vierzeiler und koppelte die letzten beiden Zeilen ab (»Couplet«). Die Quartette reimen sich jeweils in der Form ABAB oder ABBA, die Terzette meist in der Form CDE.

Genauso klar geregelt wie die äußere Form ist auch die innere: Im ersten Quartett wird etwas dargestellt, das im zweiten Quartett erweitert wird. Im ersten Terzett finden sich Überlegungen über den bisherigen Inhalt des Gedichts, und im zweiten Terzett beziehungsweise dem Couplet wird sozusagen das Fazit gezogen und das Schlusswort gesprochen. Alles klar? Ein Beispiel von Shakespeare, genauer gesagt sein berühmtes Liebes-Sonett Nr. 18 in einer Nachdichtung von Karl Kraus:

Soll ich denn einen Sommertag dich nennen,
dich, die an Herrlichkeit ihn überglänzt?
Dem Mai will Sturm die Blütenpracht nicht gönnen,
und Sommers Herrschaft ist so eng begrenzt.

Oft leuchten seines Blickes Feuerfarben,
doch bald auch hört das goldne Glänzen auf,
bis seine allerletzten Spuren starben
in Wechsel und natürlichem Verlauf.

Dir aber soll der Sommer niemals scheiden,
die Zeit sei fern, dass Schönheit dir verdirbt.
Des Todes gier'ger Blick weiß dich zu meiden:
mein Wort verhütet, dass dein Wesen stirbt.

Solange Ohren hören, Augen sehn,
besteht mein Lied, wirst du im Lied bestehn!

Oder wie wär's mit einer **Ballade**? Viele Kulturen nutzen sie, um dramatische Ereignisse in Form eines langen Lied-Gedichts zu erzählen und zu überliefern. Balladen handeln oft von Mut oder Liebe und enthalten meist viel Dialog. Bei den Cowboys Nordamerikas ist diese Form noch immer populär, und auch in Australien werden eifrig »Busch-Balladen« gedichtet.

Viele Balladen sind gereimt, meist in einem recht simplen ABAB-Schema, viele kommen aber auch ganz »ohne« aus, wie *Die Füße im Feuer* von Conrad Ferdinand Meyer:

Wild zuckt der Blitz. In fahlem Lichte steht ein Turm.
Der Donner rollt. Ein Reiter kämpft mit seinem Roß,
Springt ab und pocht ans Tor und lärmt. Sein Mantel saust
Im Wind. Er hält den scheuen Fuchs am Zügel fest.
Ein schmales Gitterfenster schimmert goldenhell,
Und knarrend öffnet jetzt das Tor ein Edelmann …

Wetten, dir fallen auf Anhieb ein paar gute Themen für Balladen ein? Vielleicht hast du Lust, ein Thema aus den Nachrichten aufzugreifen, oder du schilderst den heroischen Kampf eines rebellischen Schülers gegen den Schuldirektor oder eines Fernsehmoderators gegen ein Gummibärchen mit Tollwut …

Songtexte schreiben

Songtexte (auch »Lyrics« genannt) sind nichts anderes als Gedichte, du kannst also alle Tipps aus diesem Kapitel anwenden – aber du kannst mit einem Song viel mehr Leute erreichen als mit einem Gedicht. Bestimmt hörst du viel Musik, aber greifst seltener zu einem Lyrikband? Eben. Und viele Hörer achten sehr stark auf den Text eines Songs, besonders natürlich bei deutschen Texten.

Einen fertigen Songtext kannst du entweder selbst vertonen oder einer Band an deiner Schule oder deiner Region anbieten, wenn der Text vom Inhalt und vom Stil her zu dieser Band passt. Kontaktadressen stehen gewöhnlich auf der Homepage – die Chancen sind natürlich höher, wenn du Bandmitglieder persönlich kennst und einfach mal anquatschen kannst.

In diesem Kapitel findest du das Know-how für deinen eigenen Songtext. Dafür brauchst du erstmal ein paar Fachbegriffe.

Vers – eine Zeile des Songs

Strophe – Abschnitt des Songs, besteht aus mehreren Versen

Refrain (Chorus) – Teil des Songs, der immer wieder (meist zwischen den Strophen) wiederholt wird. Darin findet sich die Kernaussage deines Songs. In Deutsch heißt dieser Teil »Refrain«, in Englisch »Chorus«. Deutsche Songwriter benutzen oft beide Begriffe und definieren sie ein bisschen unterschiedlich, aber der Einfachheit halber bleibe ich in diesem Kapitel bei »Refrain«.

Prechorus – Überleitung von der Strophe zum Refrain. Kann man in den Song einfügen, muss man aber nicht.

Hook – Teile des Textes oder der Melodie, die man sich sofort merken kann, sich also in dein Gehirn »einhaken«. Durch den Hook kann man den Song sofort wiedererkennen und leicht mitsingen. Meist ist der Hook im Refrain zu finden.

Bridge – Kurzer Textblock, der meist vor oder nach dem Refrain steht und etwas anders formuliert ist als die Strophen. Dazu gibt's später noch Beispiele.

Metrik – die rhythmische Struktur eines Textes

Beim Songschreiben ist manchmal zuerst die Melodie da, oft aber auch zuerst der Text. In beiden Fällen kannst du deinen Songtext Schritt für Schritt entwickeln.

1. Schritt: Idee oder Thema finden

Was bewegt dich gerade? Als Thema für einen Songtext eignet sich alles, vom miesen Montagmorgen darüber, dass du dich in deinem Leben eingeengt fühlst bis hin zu dem Scheißgefühl, dass ein Junge, den du magst, dich nicht beachtet. Das Thema kann sein, was du in der Welt schrecklich findest, was du deinem Computer schon immer mal sagen wolltest, wie du dir deine Zukunft erträumst und und und.

Die Themen »Freundschaft« und »Erfolg« zum Beispiel hat Andreas Bourani in *Auf uns* verarbeitet:

Wer friert uns diesen Moment ein
Besser kann es nicht sein
Denkt an die Tage, die hinter uns liegen
Wie lang wir Freude und Tränen schon teilen
Hier geht jeder für jeden durchs Feuer
Im Regen stehen wir niemals allein

Notiere dir zu deinem Thema ein paar Stichworte (bei Bourani wären das zum Beispiel »Für einander durchs Feuer gehen« und »jemanden nicht im Regen stehen lassen«).

Wenn dir gar nichts einfällt, dann schreibe einfach mal drei Minuten ohne Nachdenken und ohne Satzzeichen hintereinander auf, was dir einfällt oder durch den Kopf geht – vielleicht findest du in diesen Wörterketten etwas, was du weiterverfolgen möchtest?

2. Schritt: Bilder entwickeln, erste Einfälle notieren

Als nächstes solltest du dein Thema in die Sprache der Lyrik übersetzen, also Bilder, Vergleiche und Metaphern dafür finden. Herbert Grönemeyer zum Beispiel hat nicht geschrieben, dass es in seiner Heimatstadt Bochum durch die Industrie ganz schön laut ist – er hat eine Metapher dafür gefunden: »Du hast 'n Pulsschlag aus Stahl / man hört ihn laut in der Nacht«. Und die Sportfreunde Stiller sagen nicht einfach, dass sie Politikern kein Wort mehr glauben, sondern singen: »Wir surfen euer Lügenmeer / verkauft uns nicht für dumm«.

Vielleicht willst du in deinem Song ausdrücken, dass dein Leben dir nicht gefällt. Das könnte einen schrecklich weinerlichen Text ergeben. Muss aber nicht. Beim Song *Mein Leben* von Kraftklub ist die Grundidee, das Leben als handelnde Person darzustellen. Und zwar eine nicht sehr nette, nach dem Motto »Mein Leben hasst mich«. Aus den Stichworten, die etwas mit dem »Leben« zu tun haben (läuft gut, geht gut voran) macht die Band einen witzigen Kontrast:

Mein Leben hat Probleme, aber möchte das nicht einsehen!
Es ist ständig besoffen, dauernd schlecht gelaunt.
Erst schlagen, dann reden. Mein Leben ist das Stresshaus!
Also mach die Tür zu! Psycho auf dem Pausenhof.
Dein Leben geht gut voran, mein Leben geht auf mich los!
Ohne irgendeinen Grund, kein Plan warum.
Ich schwöre, mein Leben bringt mich irgendwann um!

Mein Leben ist nicht cool, mein Leben ist ein Arschloch! (Yeah! Yeah!)
Dein Leben läuft gut, mein Leben läuft Amok! (Yeah! Yeah!)
Und egal was ich tu, mein Leben bleibt ein Arschloch! (Yeah! Yeah!)
Dein Leben läuft gut, mein Leben läuft Amok! (Yeah! Yeah!)

Du kannst dein Thema auch lebendig werden lassen, indem du eine Mini-Handlung entwirfst – zum Beispiel eine Begegnung und was sich daraus ergibt, wie bei *Lady in Black* von Uriah Heep. Oder indem du Beispiele bringst. Zum Stichwort »Ich würde alles für dich tun« hat Revolverheld ganz viele Beispiele gefunden – aus nichts anderem besteht der Song *Ich lass für dich das Licht an*:

Ich lass für dich das Licht an, obwohl's mir zu hell ist
Ich schaue mir Bands an, die ich nicht mag
Ich gehe mit dir in die schlimmsten Schnulzen
Ist mir alles egal, Hauptsache du bist da

Ich lass für dich das Licht an, obwohl's mir zu hell ist
Ich hör' mit dir die Platten, die ich nicht mag
Ich bin für dich leise, wenn du zu laut bist
Renn' für dich zum Kiosk, ob Nacht oder Tag

Oder du erzählst eine kleine Geschichte – wie zum Beispiel Nena in *99 Luftballons*. Die Luftballons werden als feindliche Ufos missverstanden und führen zu einem Dritten Weltkrieg, weil alle Generäle schon ganz heiß darauf sind, endlich ihre Raketen loszuschicken.

TIPP

Im Idealfall läuft vor dem inneren Auge des Hörers eine Art Film ab, wenn er deinen Song hört. Das sollte dein Ziel sein.

Die Hauptaussage deines Songs und den Hook solltest du im Refrain unterbringen, er ist der Kern deines Textes. Die Strophen erzählen die Geschichte weiter, der Refrain wiederholt immer wieder die Hauptaussage. Die muss nicht weltbewegend sein, die fiesesten Ohrwürmer sind oft ganz einfache Zeilen, zum Beispiel »Live is life« (Opus) oder »Spaghetti Carbonara e una Coca-Cola« (Spliff).

3. Schritt: Perspektive und Sprache finden

Wahrscheinlich hast du noch schon einige Ideen notiert, vielleicht sogar schon Textschnipsel oder Ideen für den Refrain. Langsam schält sich heraus, ob dein Songtext eher eine lyrische Sprache haben wird oder du in Alltagssprache schreiben willst. Auch die Perspektive kannst du nun ausprobieren.

- Möchtest du eine neutrale Position einnehmen?
- Oder schreibst du lieber in 1. Person, also Ich-Form? Achtung, wenn jemand anders deinen Text singt, wird das Publikum automatisch annehmen, dass der Text Gefühle, Gedanken und Haltungen dieses Sängers oder dieser Sängerin ausdrückt. Willst du den Text selbst singen, muss er also wirklich zu dir passen.
- Willst du der ganzen Band eine Stimme verleihen (»Wir«)?
- Songs, in denen es um Liebe geht, werden oft in »Du«-Perspektive geschrieben, der/die Geliebte wird direkt angesprochen so wie in *Applaus, Applaus* von den Sportfreunden Stiller:

  Will ich mal wieder mit dem Kopf durch die Wand
  Legst Du mir Helm und Hammer in die Hand.

Du kannst den Text auch als Brief formulieren, wie zum Beispiel Olly Murs in *Dear Darlin'* oder als Botschaft an eine prominente Persönlichkeit (wie Pink in *Dear Mr President*).

4. Schritt: Genauer ausarbeiten, Reime finden

So langsam schält sich heraus, ob sich dein Songtext reimen wird oder nicht. Texte mit Reimen (von Rappern *Rhymes* genannt) kann man sich besonders gut merken, allerdings solltest du nicht sklavisch an irgendeinem Reimschema kleben, das würde langweilig klingen. Bei Songtexten bist du sehr frei, du kannst die Reimform von einer Strophe zur anderen ändern und Reime mit freiem Vers mixen. Wichtig ist, dass das Resultat gut klingt und du die Stimmung rüberbringst, die dir vorschwebt, nichts anderes zählt! Die Ärzte haben bei den ersten Strophen des Songs *M & F* zum Beispiel das Reimschema ABCB, im Refrain dagegen AAAA gewählt – funktioniert prima:

Man sieht sie gern am Wochenende
Sportlich moderne Herren mit heißem Blick
Sie zerren frisch gestrichene Damen
Auf die Tanzflächen der Republik

Das Balzverhalten erwachsener Menschen
Ist interessanter als so mancher glaubt
Von Brusthaartoupet bis Botoxmaske
Im Krieg und der Liebe ist alles erlaubt!

Männer und Frauen sind das nackte Grauen
Wie sie sich stundenlang tief in die Augen schauen
Und die Frauen anderen Frauen ihre Männer klauen
Und die Männer an den Frauen ihren Frust abbauen

Denn Männern und Frauen ist zuzutrauen
Dass sie sich gegenseitig gerne die Nacht versauen
Wenn sie schmachten bis zum Morgengrauen
Und dann doch wieder allein nach Haus abhauen

Auch in den einzelnen Verszeilen selbst kannst du reimen, das nennt man Binnenreim und ist besonders bei Rap-Texten beliebt. Aber nicht nur dort. Kleiner Auszug aus *Tage wie diese* von den Toten Hosen (zwei Strophen, zwischen denen der Refrain steht):

Durch das Gedränge, der Menschenmenge
Bahnen wir uns den altbekannten Weg
Entlang der Gassen, zu den Rheinterrassen
Über die Brücken, bis hin zu der Musik
Wo alles laut ist, wo alle drauf sind, um durchzudreh'n
Wo die Anderen warten, um mit uns zu starten, und abzugeh'n

An Tagen wie diesen, wünscht man sich Unendlichkeit
An Tagen wie diesen, haben wir noch ewig Zeit
Wünsch ich mir Unendlichkeit

Das hier ist ewig, ewig für heute
Wir steh'n nicht still, für eine ganze Nacht
Komm ich trag dich durch die Leute
Hab keine Angst, ich gebe auf dich Acht
Wir lassen uns treiben, tauchen unter, schwimmen mit dem Strom
Dreh'n unsere Kreise, kommen nicht mehr runter, sind schwerelos

In den ersten Zeilen sorgen Binnenreime für einen schönen Rhythmus (Gedränge/Menschenmenge), die letzten beiden Verse reimen sich aufeinander. In der zweiten hier zitierten Strophe ist das Reimschema ganz anders (ABAB) und die letzten beiden Zeilen sind nicht gereimt.

TIPP

Achte darauf, dass deine Reime nicht schief oder unpassend klingen. Das merkst du am ehesten, wenn du dir den Text laut vorliest (oder gib den Text jemandem zur Korrektur). Versuch nicht, einen Reim zu erzwingen, obwohl die Worte nicht richtig passen, das reißt den Hörer aus dem »Songfilm« heraus. Inhalt und Aussage gehen vor!

Wenn du an deinen einzelnen Strophen arbeitest, achte darauf, dass sie nicht alle das gleiche aussagen, sondern jede das Thema etwas weiter entwickeln oder etwas leicht anderes aussagen. Wenn du in fünf Strophen fünfmal das gleiche erzählst, wird es dem Hörer schnell langweilig.

Schimpfwörter im Rap

Im Rap war es eine zeitlang üblich, Gegner, Minderheiten, Schwule, Frauen und alle anderen, die gerade da sind, zu beleidigen. Zum Glück gibt es genügend Rapper, die das nicht nötig haben, und selbst Eminem, der wirklich im Ghetto aufgewachsen ist, hat in seinem Hit *Lose Yourself* nur ganz wenige Zeilen, in denen es derb wird *(»Success is my only mothafuckin option, failure's not«)*. Es bleibt dir überlassen, wie viele Schimpfwörter du einbauen möchtest – am besten nicht mehr, als dir in deiner normalen Sprechweise über die Lippen kommen. Sonst bist nicht du das, der aus dem Text spricht, sondern irgendjemand anders, der irgendwelche Klischees erfüllt, und cooler macht dich das sowieso nicht.

5. Schritt: Auf Klang und Rhythmus achten

Lies dir deine ersten Entwürfe laut vor, achte auf die Sprachmelodie und versuche, am Klang zu feilen. Wenn du über einzelne Worte oder Satzteile stolperst, weg damit. Achte darauf, Wiederholungen in deinen Text einzubauen – sie spielen bei Songtexten eine große Rolle, nicht nur im Refrain. Sie tragen dazu bei, den Song noch einprägsamer zu machen, und sorgen für einen starken »Hook«, zum Beispiel beim Refrain von Culcha Candelas *Von allein*, den die Band mit einem kräftigen Beat hinterlegt hat. Bei vielen Songs leitet sich aus dem Refrain auch der Titel ab, so auch hier.

Keiner fragt wieso
Keiner fragt warum
Keiner fragt wie's geht
Denn es geht schon von allein
Keiner fragt wohin
Keiner fragt wie lang
Keiner fragt mit wem
Denn es geht schon von allein
Die Erde dreht sich von allein
Dein Arsch bewegt sich von allein
Die Gläser füllen sich von allein
Alles geht heut von allein
Deutschland tanzt von allein
Jeder kanns von allein
Denk nicht nach, lass es sein
Denn alles geht heut von allein
Wooh que mueve tu cuerpo
Wooh que estás caliente
Wooh me encantas Mami
Wooh

Die spanischen Passagen geben dem Song Exotik und klingen einfach gut. Du kannst also auch mehrere Sprachen in einem Song mischen, zum Beispiel deutsche und englische Passagen einbauen. Wenn der Song später gespielt wird, könnten unterschiedliche Sänger diese beiden Parts singen.

Auch in *Perfekte Welle* von Juli spielen der Hook – eben jene perfekte Welle – und Wiederholungen eine große Rolle. Es geht um Wellen und einen Surfer, aber auch im übertragenen Sinne darum, den Moment zu nutzen und durchzuhalten, bis es endlich klappt. Hier der gesamte Text, damit du auch mal siehst, wie lang dein Songtext sein sollte (der fertige Song sollte gespielt eine Länge von drei bis fünf Minuten haben):

Mit jeder Welle kam ein Traum
Doch Träume gehen vorüber
Dein Brett ist verstaubt
Deine Zweifel schäumen über

Hast dein Leben lang gewartet
Hast gehofft, dass es sie gibt
Hast den Glauben fast verloren
Hast dich nicht vom Fleck bewegt

Jetzt kommt sie langsam auf dich zu
Das Wasser schlägt dir ins Gesicht
Siehst dein Leben wie einen Film
Du kannst nicht glauben, dass sie bricht

Das ist die perfekte Welle
Das ist der perfekte Tag
Lass' dich einfach von ihr tragen
Denk' am besten gar nicht nach

Das ist die perfekte Welle
Das ist der perfekte Tag
Es gibt mehr als du weißt
Es gibt mehr als du sagst

Deine Hände sind schon taub
Hast Salz in deinen Augen
Zwischen Tränen und Staub
Fällt es schwer noch dran zu glauben

Du hast dein Leben lang gewartet
Hast die Wellen nie gezählt
Du hast das alles nicht gewollt
Du hast viel zu schnell gelebt

Jetzt kommt sie langsam auf dich zu
Das Wasser schlägt dir ins Gesicht
Siehst dein Leben wie einen Film
Du kannst nicht glauben, dass sie bricht

Das ist die perfekte Welle
Das ist der perfekte Tag
Lass' dich einfach von ihr tragen
Denk' am besten gar nicht nach

Das ist die perfekte Welle
Das ist der perfekte Tag
Es gibt mehr als du weißt
Es gibt mehr als du sagst

Stellst dich in den Sturm und schreist:
Ich bin hier, ich bin frei
Alles was ich will ist Zeit
Ich bin hier, ich bin frei
Stellst dich in den Sturm und schreist:
Ich bin hier, ich bin frei
Ich bin hier, ich bin frei

Das ist die perfekte Welle

Das ist die perfekte Welle
Das ist der perfekte Tag
Lass' dich einfach von ihr tragen
Denk' am besten gar nicht nach

Das ist die perfekte Welle
Das ist der perfekte Tag
Es gibt mehr als du weißt
Es gibt mehr als du sagst

Das ist die perfekte Welle
Das ist der perfekte Tag dafür

Das ist die perfekte Welle
Das ist der perfekte Tag.

Wenn du dir den Song anhörst, wirst du feststellen, dass die Strophe »Stellst dich in den Sturm und schreist« von Text und Melodie her anders ist als der Rest des Songs, sie sticht heraus, wirkt neu. Diese Strophe ist ein gutes Beispiel für eine Bridge, sie sorgt für Abwechslung im Song und variiert noch einmal das Grundthema (den Höhepunkt des eigenen Lebens erkennen und nutzen, sich endlich frei fühlen.)

Richtig eingesetzt können Wiederholungen fast schon hypnotisch wirken, so wie beim Refrain des Sido-Songs *Liebe*:

[Hook:]
Liebe
Ich spür dieses Kribbeln im Bauch
[Hook:]
Liebe
Ich spür dieses Kribbeln im Bauch

Diese Liebe
Ich bin im siebten Himmel ich glaub, das is die Liebe
Kuck ma was sie mit mir gemacht hat
Diese Liebe
Weil ich dich Liebe
So is die Liebe

In den Strophen von *Liebe* steigert Sido das Tempo, indem er viele Silben in jedem Vers unterbringt und beim Rappen immer zwei Verszeilen ineinanderfließen lässt:

Diese Liebe, is das Gefühl nach dem ersten Kuss
Wenn ich ohne nachzudenken ständig an dich denken muss
Liebe, is wenn wir beide auf der gleichen Stufe stehen
Und ich in deinen schönen Augen meine Zukunft seh
Liebe, is wenn aus unsern Herzen funken sprühn
Und wir uns ohne eine Tropfen Alkohol betrunken fühln
Liebe, is mal leise mal laut, das weiß ich jetzt auch,
Darum schrei ich es raus, dass ich dich
[Hook:]

»Singen oder sprechen sich Verse besonders flüssig, nennt man das einen guten *Flow* (was besonders im Sprechgesang der Rapper deutlich wird)«, erklärt der Musiker Masen Abou-Dakn, Autor von *Songtexte schreiben*.

6. Schritt: Metrik überprüfen

Es gibt Unterschiede zwischen Gedichten und Songtexten – ein Song wird ja später gespielt und gesungen, Melodie und Text müssen zusammenpassen. Darauf kannst du beim Texten hinarbeiten, indem du zum Beispiel darauf achtest, dass die einzelnen Verse ungefähr gleich lang sind – und zwar nicht so lang, dass dem Sänger in der Mitte des Verses die Luft ausgeht! Die Anzahl der Verse in einer Strophe sollte gerade sein (also 4, 6, 8 etc.), das lässt den Song harmonisch wirken. Über die Anzahl der Silben kannst du das Tempo deines Songs steuern: »Wenn Sie die Takte bei schnellem Tempo mit vielen Silben füllen, wirkt der Gesang besonders dynamisch«, empfiehlt der Musiker Masen Abou-Dakn. »Wenige Silben wirken eher getragen.«

Der Sänger kann deinen Text an die Melodie anpassen, indem er manche Wörter dehnt und andere schneller singt. Oder indem er kleine Pausen einfügt und die Betonungen ändert. Wenn es gar nicht passt, kann es sein, dass du Füllwörter oder zusätzliche Satzteile in den Text reinflicken musst. Außerdem kannst du natürlich noch »Bananentext« einfügen, wie Grönemeyer es nennt – Lautmalerei wie »Lala« oder »schubidu«. Der dient entweder als Platzhalter oder dazu, die Zeile aufzufüllen.

Optimal ist ein Text dann, wenn die betonten und die unbetonten Silben mit dem Beat zusammenpassen (Popsongs haben meist einen 4/4-Takt, und auf jede Silbe kommt ein Schlag des Beats). Probiere aus, den Text zu singen und die Betonungen und die Länge der Verse zu ändern, bis es passt. Du solltest keine unnatürlichen Betonungen einplanen, die Sprache muss natürlich bleiben. Die Metrik sollte in den Strophen möglichst gleich bleiben.

Auch deinen Rap-Text solltest du jetzt an einen Beat anpassen. »Such dir einen Takt aus, zu dem du rappen möchtest. Du kannst nach Rap Takten auf *YouTube* suchen, oder von einem Taktverteiler einen herunterladen (rap beats wie Beat Brokerz)«, empfehlen Tim Moritz und Chris Hadley in ihrer Rap-Anleitung (http://de.wikihow.com/Rap-Texte-schreiben). »Es ist an dieser Stelle eine gute Strategie, schon einen zentralen Rhythmus deiner Reime geschrieben zu haben, und nur daran zu arbeiten, sie an den Takt anzupassen. Ein weit verbreiteter Fehler ist, wenn du versuchst, das Herzstück deiner Texte auf einen Takt zuzuschreiben, du könntest leicht an einer Schreibblockade leiden.«

7. Schritt: Feinschliff, Testlesen lassen und Auswendiglernen

Jetzt ist dein Song schon fast fertig. Feile so lange daran, bis er dir richtig gut gefällt. Lass unbedingt jemanden, dem du ehrliche Kritik zutraust, über deinen Entwurf drüberschauen. Besonders Liebeslieder geraten leicht kitschig, aber man selbst merkt das nicht immer, hier ist Feedback von anderen besonders wertvoll. Am besten gibst du deinen Text sogar mehreren Leuten, denn erfahrungsgemäß fällt jedem etwas anderes auf und du bekommst ganz verschiedene Anregungen. Außerdem gleicht sich so aus, dass jeder Text Geschmackssache ist – manche finden deinen Entwurf vielleicht nicht so toll, während andere begeistert sind.

Wenn du deinen Songtext ganz in Englisch oder einer anderen Sprache schreibst, dann lass jemanden, der diese Sprache richtig gut kann, über deine Erstfassung drüberschauen. Es wäre peinlich, wenn ein Sänger oder eine Sängerin einen in holprigem Englisch geschriebenen Text vortragen muss (und noch peinlicher ist, wenn das mit deutschem Akzent geschieht).

Wenn du einen Rap-Text geschrieben hast, dann solltest du den fertigen Text nun auswendig lernen, denn live solltest du ihn natürlich nicht ablesen, und auch im Studio ist es besser, wenn du ihn im Kopf hast, dann kannst du ihn mit dem ganzen Körper performen und richtig fließen lassen.

TRAINING

Umtexten: Verpasse einem bekannten englischen Song einen deutschen Text, der perfekt zu Klang und Rhythmus passt. Das ist eine gute Übung, weil du dir hier nicht über Thema und Inhalt Gedanken machen musst, sondern dich ganz auf Klang und Metrik konzentrieren kannst. Du kannst auch zur Melodie eines bekannten Songs einen neuen, eigenen Text schreiben. Viel Spaß!

Schreiben für Film, Theater und Hörfunk

Drehbuch: Einmal nach Hollywood, bitte

»Ich hatte das Gefühl, meine Prosa gefällt mir nicht mehr, ich hatte Lust etwas Neues auszuprobieren und etwas mit anderen Leuten zu machen«, erzählt der Journalist Christian Staas. Er schrieb als Jugendlicher erst Geschichten, dann stieg er auf Drehbücher um und produzierte mit Freunden aus der Theatergruppe vier Kurzfilme. »Film hat mich gereizt, weil das Teamarbeit ist und man nicht so sehr auf die Sprache achten muss, sondern auf die Bilder. Man kann auch ganz andere Geschichten erzählen.«

Selbst einen Film zu drehen ist heute nicht mehr schwierig – moderne Videokameras liefern eine brauchbare Qualität, um damit zum Beispiel Kurz- oder Dokumentarfilme für die Schule zu verwirklichen. Und zur Not könnt ihr die erste Fassung sogar mit dem Smartphone drehen … Spaß macht es auf jeden Fall, sich an ein solches Projekt zu wagen.

Natürlich braucht ihr, bevor ihr damit anfangen könnt, eine Idee, einen **Stoff,** eine Geschichte, die ihr verfilmen wollt. Ihr könntet zwar auch improvisieren, aber es wäre eine gute Übung, es so weit wie möglich wie die Profis zu machen, mit einem richtigen **Drehbuch** und festgelegten Dialogen.

Eigentlich ist ein Drehbuch nur eine Arbeitsanweisung an die Schauspieler und Regisseure, deshalb kommt es vor allem auf die Handlung und auf die Dialoge an. Zwar ist die Idee für den Film von dir, aber in Bilder umgesetzt wird sie von anderen (eventuell gemeinsam mit dem Drehbuchautor). In einen professionellen Film bringen sich Regisseur, Kameramann, Cutter und noch viele andere Mitarbeiter kreativ ein.

Dein erster Schritt nach dem Geistesblitz sollte sein, ein **Exposé** zu schreiben. Du fasst die Geschichte auf etwa vier Seiten in Gegenwartsform und ohne Dialog zusammen und diskutierst sie mit deinen Co-Filmern. Nachdem ihr euch über Änderungen geeinigt habt, könnt ihr eigentlich schon anfangen, die Idee in einzelne Szenen aufzuschlüsseln, zu Anfang noch ohne Dialoge. Das nennt man dann **Treatment.**

Alle Drehbücher sind in **Szenen** eingeteilt, sie sind sozusagen die kleinsten einzelnen Bausteine des Films: Immer wenn der Schauplatz wechselt, beginnt eine neue Szene. Über jede schreibt man über eine fortlaufende Nummer und sagt kurz, wo sie spielt, Tagsüber oder bei Nacht, Innen oder Außen. Ins Drehbuch gehören auch Beschreibungen, zum Beispiel der Hauptfigur und der Schauplätze. Sie brauchen nicht allzu detailliert zu sein, Hauptsache du machst deutlich, was für eine Atmosphäre herrscht. Bei Dialogen musst du manchmal dazusagen, in welchem Ton sie gesprochen werden, was derjenige dabei macht und zu wem er es sagt, wenn mehrere Personen in der Szene vorkommen. Das sieht im Drehbuch dann etwa so aus:

MARTIN
(wütend)
Du warst schon immer ein Halunke, Achim!

oder, wenn es ganz anders gemeint ist:

MARTIN
(grinsend)
Du warst schon immer ein Halunke, Achim!

Dein Drehbuch sollte fertig etwa so aussehen wie dieser Auszug aus Woody Allens *Manhattan Murder Mystery*:

1. AUßEN. NACHT. NEW YORK CITY.

Aus einem Hubschrauber bewegt sich die Kamera über die Skyline und endet auf dem Madison Square Garden, den sie ruhig umkreist. Bobby Short singt »I happen to like New York.« Schnitt.

2. INNEN. NACHT. MADISON SQUARE GARDEN.

Durch die Schutzglasscheibe blickt die Kamera auf ein Eishockeymatch der New York Rangers und schwenkt dann schnell auf Carol und Larry, die auf der Tribüne sitzen. Larry verfolgt mit offenem Mund das Spiel. Carol wirkt uninteressiert und blickt gelangweilt an die Hallendecke.

LARRY

Ach, komm. Du hast versprochen, dass du das ganze Eishockeyspiel durchhältst, ohne dich zu langweilen. Und ich halte dafür die Wagner-Oper nächste Woche durch.

CAROL

(gleichzeitig)

Was ist? – Ich weiß, Schatz, ich hab's versprochen.

LARRY

Ich hab auch schon Ohrenstöpsel.

CAROL

Ja. Aber bei deinen Augen überrascht es mich, dass du hier den Puck siehst.

Larry reagiert auf ein Tor. Carol klatscht nicht sonderlich begeistert.

LARRY

Oooh!

CAROL

Super, ja!

Wenn ihr euch eine Liste aller Szenen anlegt, behaltet ihr den Überblick über das, was ihr schon im Kasten habt und was noch gemacht werden muss. Denn wahrscheinlich werdet ihr diese Einzelteile des Films nicht der Reihe nach drehen wollen, sondern diese und spätere Szenen, die alle tagsüber in Olivers Haus spielen, sozusagen auf einen Rutsch erledigen und später an die richtige Stelle im Film einbauen. Wenn du noch an der Struktur der Handlung arbeitest, kannst du jede Szene auf eine Karteikarte schreiben und sie dann herum schieben, bis es passt.

Ähnlich wie ein Theaterstück haben Drehbücher eine (nicht in den Text eingetragene) Gliederung in drei Akte:

- Im ersten Akt werden die Hauptfiguren eingeführt und der Grundkonflikt skizziert.
- In zweiten Akt (dem längsten) steigert sich dieser Konflikt, die Handlung nimmt ihren Lauf.
- Der dritte Akt ist die Auflösung.

Zwischen dem zweiten und dritten Akt befinden sich traditionell dramatische, oft auch überraschende Wendepunkte (*Plot Points* nennt sie der Experte), die die Handlung vorantreiben. Der Drehbuch-Guru Syd Field zitiert als Beispiel für diese Struktur den Spielberg-Film *E.T.*:

Plot Point I ist, dass Elliott E.T. im Abstellraum versteckt.

Im zweiten Akt gewöhnt der kleine Außerirdische sich ein. Der zentrale Punkt wird eingeführt: E.T. will »nach Hause telefonieren« und die Kinder helfen ihm dabei.

Plot Point II ist, dass E.T. stirbt.

Im dritten Akt wendet sich dann doch noch alles zum Guten.

Wenn man ein Drehbuch schreibt, ist es wichtig, in Bildern zu denken. Welche Handlungsorte wären für den Film geeignet? Wie kann man eine Idee oder ein Gefühl in Bildern und Dialogen vermitteln? Umgekehrt brauchst du Gerüche zum Beispiel gar nicht erst mit in die Beschreibung aufzunehmen, außer du weist auf sie hin, indem du zum Beispiel die Hauptperson die Nase rümpfen und sich über den Gestank beschweren lässt.

Filme leben von Dialogen. Wenn sie langweilig und gestelzt sind, bringt das den Zuschauer zum Gähnen, pfiffige und witzige Dialoge (wie zum Beispiel in *Juno* oder *Keinohrhasen*) können hingegen den Film retten, selbst wenn die Handlung Schwächen hat. Sie sollten so natürlich wie möglich sein, sonst klingen sie hölzern und liegen sozusagen quer im Mund, wenn sie die Schauspieler dann aussprechen müssen. Arbeite ruhig verschiedene Akzente oder leichte Dialekte, »ähms« und »Ohs« und so weiter ein. Jede Figur sollte an ihrer Sprechweise zu erkennen sein.

TRAINING

Analyse: Sieh dir einen oder mehrere Filme, die du gut findest, *zweimal hintereinander* auf DVD oder im Internet an. Beim ersten Mal lässt du den Film einfach nur auf dich wirken, beim zweiten Mal analysierst du ihn: Was für eine Struktur hat er – hast du die drei Akte bemerkt? Wo sind die Plot Points, die dramatischen Höhe- oder Wendepunkte? Wie sind die Dialoge? Welche Schwächen oder Stärken hat der Film? Wie werden die Hauptpersonen charakterisiert?

Wenn du einen »richtigen« Film machen willst, musst du eine **Produktionsfirma** oder einen Fernsehsender dafür interessieren. Frische, originelle Ideen sind immer gefragt, aber deine Arbeit muss natürlich Profiqualität haben. Verkauft wird vorerst die Idee, kein fertiges Drehbuch. Die Unterlagen, die man von dir verlangen wird, sind eine kurze Zusammenfassung der Handlung auf einer Seite (»Synopsis«), dann ein Exposé, das quasi eine Inhaltsangabe von etwa vier Seiten darstellt, und dann ein Treatment (jede einzelne Szene, aber ohne Dialoge, etwa 15 bis 50 Seiten). Erst dann wird man die Rohfassung eines Drehbuchs in Auftrag geben.

Du musst darauf vorbereitet sein, dass du diesen Entwurf noch mehrmals nach den Wünschen der Produzenten umarbeiten musst oder dass dazu sogar andere Autoren beauftragt werden – das hat nichts mit dir oder deinem Alter zu tun. Unverblümte Kritik ist in diesem Geschäft üblich, und wer empfindlich reagiert, der gibt sich als Amateur zu erkennen. All das wird verständlich, wenn man bedenkt, was für ein Aufwand es ist, einen richtigen Film zu drehen (daran sind meist Hunderte von Spezialisten beteiligt) und dass dabei Hunderttausende oder gar Millionen Euro im Spiel sind. Ob sich das wieder einspielt, ist immer ungewiss. Billiger geht es natürlich auch, besonders Absolventen von Filmhochschulen schaffen immer wieder, mit geringem Aufwand sehr gute Abschlussfilme zu machen. Den größten Teil des Honorars gibt es übrigens erst, wenn der Film ausgestrahlt wird beziehungsweise in die Kinos kommt.

Drehbuchschreiben ist weniger Literatur als Handwerk, und ein Handwerk kann man lernen. Deshalb gibt es viele Werkstätten, Seminare und Ratgeber zum Thema. Adressen und Buchtipps zum Thema Drehbuch findest du im Adressteil dieses Buches.

Theater: Vorhang auf und Bühne frei!

Ein Theaterstück ist als reiner Text nur zum Teil »lebendig«. Wirklich zum Leben erweckt wird es erst, wenn es aufgeführt wird. Du könntest zum Beispiel die Chance nutzen, dein Stück von der Schultheater-

Gruppe oder einer anderen Laiengruppe auf die Bühne bringen zu lassen. Du kannst ihnen das Stück dann sozusagen maßschneidern. Wenn ihr euch einig geworden seid, ist es sinnvoll, wenn du deine Ideen schon in der Entstehungsphase mit der Truppe abstimmst und Vorschläge sammelst. Dann gibt es nachher weniger Streit, und du riskierst nicht, dass es sich die Gruppe anders überlegt, weil dein Stück ihr doch nicht gefällt.

Du kannst ein Stück komplett selbst erfinden oder ein Buch oder eine Erzählung, die es schon gibt, als Theaterstück »dramatisieren«, also für die Bühne umschreiben. Das ist gar nicht so einfach, denn man kann einen Text nicht Wort für Wort übernehmen. Normalerweise macht man sich Gedanken, was die wichtigsten Ideen und Szenen sind und wie man sie am besten von den Schauspielern vortragen lässt. Um eine solche Bearbeitung aufführen zu dürfen, brauchst du die Genehmigung des Autors – außer, er ist schon 70 Jahre tot, danach erlischt nämlich das Urheberrecht. Dann braucht man in der Regel keine Genehmigung und muss auch keine Lizenzgebühr dafür zahlen, wenn man den Stoff bearbeiten will.

Ein Theaterstück schreibt man ähnlich wie ein Drehbuch, nur dass **die Akte** hier »sichtbar« sind, also im Manuskript »1. Akt«, »2. Akt«, »3. Akt« steht. Mehrere Akte müssen nicht sein, es gibt auch kurze Einakter und Sketche. Will man damit den Abend füllen, führt man mehrere kurze Stücke hintereinander auf. Immer wenn Ort oder Zeit wechseln, beginnt eine neue Szene. Wichtig ist, dass du dreidimensional denkst und dir die Handlung auf der Bühne vorstellst. Die Figuren können im Vorder- und Hintergrund agieren, Gesten und Bewegungen begleiten die Worte und müssen dem Schauspieler zum Teil vom Autor vorgeschrieben werden. Stell dir vor, wie der Text gesprochen klingt, und lies ihn dir immer wieder laut vor.

Es gibt bei Theaterstücken nicht nur eine Menge Dinge zu beachten, sondern auch eine ganze Menge Möglichkeiten, mit denen du spielen kannst: Du kannst zum Beispiel **»Stimmen aus dem Off«,** also bei denen der Sprecher nicht sichtbar ist, verwenden. Um darzustellen, was eine Figur denkt, kann sich der Schauspieler direkt ans Publikum wenden und es ihm erzählen oder seine Gedanken laut aussprechen, ohne dass ihn die anderen Figuren hören. Vielleicht lässt du einen **Erzähler** auftreten, der dem Publikum etwas erklärt oder Einführungen in bestimmte Szenen liefert. Du kannst auch Musik, Tanz und Gesang einbauen, also ein **Musical** aus deinem Stück machen. »Für viele Leute ist Theater ein sehr traditionelles Medium, aber ich fände es gut, wenn gerade von jungen Autoren mehr experimentelle Stücke kämen«, meint Henning Fangauf vom Kinder- und Jugendtheaterzentrum in Frankfurt. »Warum schreibt nicht einer ein Libretto für zwei Tänzer? Warum nimmt niemand Nintendo als Ausgangssituation für eine dramatische Handlung? Warum lässt man nicht fünf Bildschirme miteinander kommunizieren?« Um herauszufinden, wie Theaterstücke oder Musicals funktionieren, schaut man sich am besten ein paar an oder liest sich Stücke durch – vielleicht gibt es welche in eurer Schulbibliothek.

Am leichtesten schreibt sich der erste Entwurf, wenn du mit einer Grundidee anfängst, eine Inhaltsangabe schreibst und diese dann in Szenen aufteilst. Diese einzelnen »Bausteine« kannst du dann mit Dialog ausarbeiten. Hier ein einfaches Textbeispiel aus dem Stück *Freunderfinder* von Paul Maar:

9. Szene – Kinderzimmer

Stefan sitzt am Tisch, seine Schulbücher und Hefte vor sich, und liest in einem Comic-Heft. Aus dem Nebenzimmer hört man das Tippen von Verena. Das Tippen wird kurz unterbrochen: Stefan reagiert sofort darauf, indem er das Comic-Heft wegsteckt. Das Tippen geht wieder weiter: Stefan holt es wieder hervor. Aber nach kurzer Zeit hört das Tippen ganz auf. Stefan steckt das Heft wieder weg. Verena kommt ins Zimmer (ihr ist die Stille in Stefans Zimmer unheimlich).

VERENA *erleichtert* Du machst Hausaufgaben, schön!

STEFAN Mathe hab ich schon fertig.

VERENA Sehr schön. Ich schau mir's später an.

STEFAN Jetzt kommt Biologie: Der Tiger. Weißt du was über Tiger?

VERENA	Wahrscheinlich weniger als du. Du kannst ja in deinem Bio-Buch nachschauen. *Sie geht.*
STEFAN	Verena!
VERENA	streckt den Kopf noch mal durch die Tür. Ja?
STEFAN	Was fressen denn Tiger?
VERENA	Weiß ich auch nicht. Jedenfalls keine *Nudeln!*

Sie geht ab.

Stefan schaut in seine Büchertasche, um wirklich das Bio-Buch zu suchen, dabei sieht er aber Katjas Schal, den er in seine Büchertasche gesteckt hat, um ihn ihr morgen in der Schule wiederzugeben.

Du musst also erklären, was geschieht und wie das alles in etwa aussehen soll, und das alles in Gegenwartsform. Zusätzlich musst du noch **Regieanweisungen** wie *Licht weg, Vorhang, Auftritt Person X, Person X geht ab* – verlässt also die Bühne –, *Pause, Überleitungsmusik* etc. in den Text hineinschreiben. Ganz an den Anfang deines Manuskripts gehört eine **Liste der Figuren**, die im Stück vorkommen, mit kurzen Beschreibungen. So kann sich der Regisseur sofort einen Überblick verschaffen, wie viele Schauspieler er braucht und wie sie in etwa aussehen sollten. Das praktische bei einem Stück, das man selbst für eine bestimmte Theatergruppe schreibt, ist, dass man für jeden Teilnehmer eine passende Rolle einbauen kann.

Wie beim Film musst du dein Werk »loslassen« können. Denn wenn es aufgeführt wird, verändert sich das Stück und nimmt sein Eigenleben an. Sowohl der Regisseur als auch die Schauspieler arbeiten ja auch am Endprodukt mit. »Das ist ein ganz seltsames Gefühl, dass man seine Figuren lebendig auf der Bühne vor sich hat«, sagt Katharina Schlender, die schon mit 17 Theaterstücke schrieb. »Zu Anfang haben das Freunde von mir aufgeführt, die hatten natürlich ihre eigene Persönlichkeit und wollten sich nicht alles aufdrängen lassen, was ich ihnen über die Rolle gesagt habe. Es kommt bei der Aufführung also immer etwas anderes raus, als man sich gedacht hat.«

Leider werden heutzutage in fast allen Theatern mehr Klassiker gespielt als zeitgenössische (also aus unserer Gegenwart stammende) Stücke. Die meisten Werke werden den **Dramaturgen**, also denjenigen, die sich an einem Theater um die Auswahl der Stücke kümmern, von Theaterverlagen angeboten. In diesem Fall arbeiten die Verlage also als »Vermittler«, etwa wie eine Literaturagentur, nicht als Unternehmen, die ein Buch drucken und in den Handel bringen. Ihnen muss man das Stück anbieten, mit ihnen schließt man den Vertrag. Sie pflegen den Kontakt zu den Bühnen und verschicken Leseexemplare. Die meisten Theaterverlage sind spezialisiert auf bestimmte Stücke, daher solltest du nichts »blind« an sie schicken, sondern dich vorher nach den Schwerpunkten des Programms erkundigen. Adressen kannst du im Internet recherchieren. Man kann sich natürlich auch direkt an die Theater wenden, besonders dann, wenn man durch Eltern, Verwandte oder Bekannte selbst Kontakte zu Bühnen oder Gruppen hat.

Geld bekommt man für das Stück übrigens erst, wenn es wirklich aufgeführt wird. Abgerechnet wird pro verkauftem Sitzplatz (etwa 75 Cent bis 1,50 Euro). Natürlich nur dann, wenn man schon mit Profis arbeitet – eine Laien-Theatergruppe verdient ja meist nichts, da kann man nicht mit Honorarforderungen kommen. Normalerweise gehen 75 % der Autorenhonorare vom Theater an den Verfasser des Stücks, der Rest an den Verlag, der das Manuskript vermittelt hat.

Wenn du ein Theaterstück geschrieben hast und das in Workshops mit erfahrenen Autoren besprechen willst, dann kannst du zum Beispiel beim internationalen Autorenfestival »Interplay Europe« und anderen Workshops und Festivals teilnehmen. Die Kontaktadresse für Interplay und weitere Infos findest du im Anhang dieses Buches.

Als angehender Dramatiker beschäftigst du dich intensiv mit der Welt des Theaters. »Die meisten guten Theaterautoren haben sich noch als Schüler jede Premiere ihre Stadttheaters angeschaut, haben sich dort als Statisten beworben oder haben versucht, auf Premierenfeiern zu kommen und mit den Profis zu reden«, sagt Henning Fangauf vom Kinder- und Jugendtheaterzentrum.

Hörspiel: Geschichten für die Ohren:

So sieht zum Beispiel das ???-Buch *Der Super-Papagei* als Hörspielskript aus, produziert vom Tonstudio Europa:

Person	Kommentare	Was wird gesprochen?
	Anfangsmusik *Vogelgezwitscher* *Schritte* *Hilferufe*	
Justus		Hey, Peter, jemand ruft um Hilfe.
Peter		Ich hab's gehört. *(zögert)* War das nun ein Mann oder eine Frau?
Justus	*überlegt*	Hm, vielleicht keins von beiden
Peter	*verwundert*	Keins von beiden? Wie meinst du das, Just? Vielleicht ein Kind. Oder ob es Mr. Malcolm Fentriss war? Dann wäre es doch ein Mann gewesen.
Justus		Ich weiß nicht.
Peter	*stöhnt*	Oh Mensch, Just, wir zieh'n los, um einen verschwundenen Papagei zu suchen, und bevor wir noch im Haus sind,schreit jemand um Hilfe.
Justus		Hm.
Peter		Ich hoffe nur, dass dies nicht schon wieder ein komplizierter Fall wird.
Justus		Im Gegenteil, es fängt doch recht aussichtsreich an. *(horcht)* Hm. Scheint sich alles wieder beruhigt zu haben. Wir sehen mal nach.
Peter	*ängstlich*	Zu diesem Haus zieht mich aber gar nichts hin. Es sieht aus, als hätte es lauter verschlossene Räume, die man besser nicht betritt.

Es ist eine Herausforderung, eine Geschichte nur in Dialogen und Geräuschen zu erzählen. Dafür eignen sich Kurzgeschichten und Erzählungen, aber keine Gedichte. Als Autor hat man bei einem Hörspiel die Aufgabe, eine bestimmte Atmosphäre und Bilder im Kopf des Hörers entstehen lassen. Dabei sind die Dialoge äußerst wichtig: Du solltest dich überzeugen, wie sie funktionieren, indem du sie erst einmal selbst sprichst und aufnimmst.

Wenn du ein Hörspiel selbst produzieren willst, kannst du deine Stimme für die verschiedenen Rollen verstellen, noch besser ist es natürlich, wenn du ein paar Freunde zusammentrommelst und die einzelnen Rollen an sie verteilst. Passende **Geräusche** zu erzeugen ist nicht schwer, da fällt dir sicher eine Menge ein. Der Klassiker ist, das Geklapper von Pferdehufen mit Kokosnussschalen auf einem harten Boden nachzuahmen, für ein Regengeräusch kannst du die Dusche verwenden und so weiter. Fertige Sounds gibt es auch im Internet als Download.

Ideal ist für dein eigenes Hörspiel ein MP3-Player mit Aufnahmefunktion oder ein Smartphone mit Recorder-App – damit kannst du dein Hörspiel aufnehmen, auf den Computer überspielen und dort bearbeiten. Ein fertiges Hörspiel eignet sich bestens als Geschenk, du kannst es auf CD brennen und an Freunde und Eltern verschenken. Oder als Audio-File/Podcast auf deine Homepage stellen.

Wenn dein Ehrgeiz erwacht ist, möchtest du dein Manuskript vielleicht an den **Hörfunk** verkaufen. Leider gibt es die richtigen Hörspiele von 40 bis 90 Minuten Länge fast nur noch bei öffentlich-rechtlichen Rundfunkanstalten. Private Sender bringen nur selten welche, oder nur die ganz kurzen Formen wie Sketche. Gesucht werden von den Sendern Literarische Hörspiele, Texte für den Kinder- und Jugendfunk, Krimis, kurze Soaps und witzige Kurzhörspiele.

Das Anbieten läuft so: Man schickt seinen Text in Form eines Exposé oder fertigen Hörspiels direkt an die Hörfunksender und bekommt, wenn es auf Interesse stößt, die Änderungswünsche gesagt. Hat man sein Manuskript umgearbeitet, wird das Hörspiel vom Sender produziert und mit richtigen Sprechern in Szene gesetzt. Wenn den

Redakteuren gefällt, was du machst, bekommst du vielleicht auch weitere Aufträge. Hörspiele werden ziemlich gut bezahlt, man bekommt etwa 1700 bis 6000 Euro pro Stück. Wenn du ernst machst mit dem Hörspielschreiben, dann solltest du dir vor allem möglichst viele Profi-Hörspiele anhören. Denn aus Beispielen lernt man am meisten.

Am Text arbeiten

»Man sollte sich sagen: ›Der erste Leser bin ich selbst, ich muss mit dem, was ich mache, zufrieden sein. Wenn ich meine Gefühle und Gedanken richtig ausgedrückt habe, dann wird es schon werden‹«, rät der Jugend- und Drehbuchautor Dieter Bongartz. »Für mich gibt es nur eine Regel: Man kann alles machen, aber man muss es richtig machen – so dass es funktioniert.«

Funktionieren bedeutet, dass man nach ein paar Seiten in den Text hineingezogen wird. Dann wird aus ein bisschen Druckerschwärze auf Papier im Kopf deines Lesers eine wirkliche Geschichte, mit wirklichen Menschen. In diesem Kapitel erfährst du, wie du feststellst, ob die Rohfassung deines Textes »funktioniert«. Wenn das noch nicht der Fall ist, dann findest du hier Tipps, wie du an ihm arbeiten könntest, um ihn zu verbessern.

Überarbeiten: Die erste Fassung ist selten die letzte

Die erste Fassung deines Text ist fertig? Glückwunsch! Dann hast du schon mehr geschafft als viele andere junge Autorinnen und Autoren, denn Geschichten *nicht* fertig zu schreiben ist in diesem Alter ziemlich normal. Natürlich könntest du den Text jetzt so lassen, wie er ist. Wahrscheinlich gefällt er dir so auch, denn schließlich hast du ihn eben erst geschrieben. »Ich hatte das Gefühl, ich schreibe es runter und dann stimmt es so – korrigiert habe ich die Sachen nicht«, erzählt Claudius Blume, der als Jugendlicher Geschichten und Gedichte zu schreiben begann (heute ist er Deutschlehrer). »Gelegentlich hat mir aber Kritik von Leuten, denen ich meine Texte gegeben habe, gezeigt, dass ich noch etwas daran machen muss. Gelernt, richtig an meinen Sachen zu feilen, habe ich dann bei den Workshop-Treffen mit anderen Autoren.«

Profis überarbeiten ihren Text gewöhnlich mehrmals. Damit du deutlicher siehst, was an einem Gedicht oder einer Geschichte gemacht werden muss, genügt es meist, das ganze eine Weile liegenzulassen – ein paar Tage, Wochen oder Monate. Du wirst merken, dass du den Text, wenn du ihn dann wieder zur Hand nimmst, mit anderen Augen siehst. Du hast dich innerlich von ihm entfernt, du hast **Distanz** zu ihm bekommen, und kannst ihn jetzt nüchterner und realistischer betrachten. Jetzt fällt dir meist deutlich auf, dass dich bestimmte Dinge noch daran stören. Wenn dich während des Durchlesens bei irgendeiner Stelle oder in irgendeiner Sache ein mulmiges Gefühl beschleicht, dann solltest du dieses Gefühl ernst nehmen. Meist ahnst du instinktiv, was mit deinem Manuskript noch nicht stimmt.

Es hilft auch, sich den Text ein paar Mal laut vorzulesen, dann nimmt man Klang und Rhythmus der Sätze deutlicher wahr und merkt, worüber man beim Lesen stolpert. Ebenso gut: Du lässt deinen Text von jemand anders vorlesen und hörst ihn dir an. Auch das schafft Distanz, du nimmst den Text anders wahr – wie ein Leser.

Sei nicht zu streng mit dir und wirf das Manuskript nicht gleich genervt in den Papierkorb. Die erste Fassung ist eine Rohfassung, die noch geschliffen und poliert werden muss. Obwohl ein paar Profis ihren Text nach dem ersten Aufschreiben nie wieder anfassen, streichen und schreiben die meisten anderen so viel in ihren Manuskripten herum, dass man es zum Schluss kaum mehr lesen kann. Deshalb sind Computer so praktisch – du kannst den Text bequem so oft bearbeiten und neu ausdrucken, wie du willst.

TRAINING

Analyse! Schreib zu jedem Punkt, was dir an deinen Texten besonders gefällt, was dir nicht so gefällt und was du gerne verbessern würdest. Am besten benutzt du dafür Stifte in verschiedenen Farben, zum Beispiel Grün für die positiven Dinge und Lila für deine Kritik. Wenn es dir schwer fällt, dich selbst zu bewerten, dann versuch, dich in die Rolle deines größten Fans (den wird es bestimmt einmal geben) und eines richtigen Literaturkritikers zu versetzen. Und dann schreibst du in diesen Rollen Amazon-Rezensionen zu deinem Manuskript …

- *Ideen*
- *Handlung*
- *Spannung*
- *Aufbau*
- *Figuren – Charakterisierungen*
- *Sprache*
- *Schauplätze/Beschreibungen*
- *Stimmen nachprüfbare Fakten?*
- *Atmosphäre*
- *Wirkung (lachen die Leute, wenn es witzig sein soll?)*

Texte mit anderen diskutieren: Wem soll ich's zeigen?

Natürlich hängt es auch oft von deiner Stimmung ab, wie du einen Text findest, den du einmal geschrieben hast. Edith Wiegel, die mit 15 anfing zu schreiben und mittlerweile einige Kurzgeschichten veröffentlich hat, kennt das Gefühl: »Am Anfang, wenn ich die Geschichte schreibe, bin ich voller Euphorie, denke mir: ›Mensch, ist das gut!‹. Dann kommt später beim Durchlesen der Kritiker in mir heraus und nörgelt ›Meine Güte, ist das umständlich erzählt, das ist doch sowieso Quatsch‹.« Solche Schwankungen gehören dazu. Damit du eine neutralere Meinung und einen Eindruck davon bekommst, wie deine Texte auf andere wirken, haben viele Autoren die Möglichkeit entdeckt, sich mit anderen auszutauschen. Es gibt mehrere Möglichkeiten:

- **Du suchst dir einen Gegenleser**. Das ist jemand, der sich für die Texte interessiert und dem man zutraut, einem ehrlich die Meinung zu sagen. Man gibt ihm das Manuskript zum Lesen, und nach einer Weile gibt der Gegenleser es dann mit einem Kommentar zurück. Im besten Fall hat er seine Bemerkungen ausführlich an den Rand gekritzelt. Gegenleser sind sehr nützlich, weil sie den Text in Ruhe ganz lesen können. Aber ihre Meinung ist eben nur ein Urteil von vielen möglichen Urteilen. Wie man einen Gegenleser findet? Du könntest dich zum Beispiel in deiner Schule umhören oder einen Aushang machen. Auch in den Redaktionen von Schülerzeitungen oder in Schreibworkshops kann man Gegenleser finden. Oder du mailst jemandem, den du aus Schreibforen im Internet kennst, und schlägst ihm vor, dass ihr eure Text austauscht und gegenlest.
- **Du findest einen Mentor oder eine Mentorin**. Ein Mentor ist ein Erwachsener – zum Beispiel ein Verwandter, ein Freund deiner Eltern, ein Lehrer oder ein Profi-Autor – , der sich für das interessiert, was du machst, und dir hilft, dich weiterzuentwickeln. Er oder sie gibt dir Tipps und Rückmeldung zu deinen Texten, fördert und ermutigt dich. Leider ist es nicht so einfach, einen Mentor zu finden. Außerdem musst du darauf achten, dass du deinen eigenen Stil bewahrst und dich nicht zu stark von der Meinung deines Mentors abhängig machst.
- **Du beteiligst dich an einer Autorengruppe**. In vielen Städten gibt es Leute, die sich regelmäßig treffen, sich ihre Texte gegenseitig vorlesen und sie dann besprechen. Der Vorteil: Du hörst viele verschiedene Ansichten zu deinem Werk (die manchmal auch entgegengesetzt sein können! Was dem einen gefällt, findet der andere nicht so toll) und kannst dann entscheiden, was davon du sinnvoll findest und bei der Überarbeitung beachten möchtest. Der Nachteil ist, dass immer nur kurze Textteile gelesen werden können, damit alle drankommen.

- **Workshops und Kurse.** In Workshops arbeiten die Teilnehmer entweder wie in einer Autorengruppe an ihren zu Hause geschriebenen Geschichten und bekommen vom Leiter gleichzeitig ein bisschen Theorie des Schreibens vermittelt. Oder es geht mehr um Theorie und Schreibübungen, es entstehen also neue Texte. Der Vorteil in beiden Fällen: Du lernst andere junge Autoren und Autorinnen kennen und kannst an deinen Texten arbeiten. Der Nachteil: Kostet Zeit und Geld.

Vielleicht traust du dich nicht, deine Texte überhaupt jemandem zu zeigen, geschweige denn in einer Autorengruppe vorzulesen. Das geht vielen Leuten so, zum Beispiel auch Martin Kroissenbrunner, der lange Mitglied in der Jugend-Literatur-Werkstatt Graz war. »Früher war ich sehr empfindlich, weil ich Angst vor Zurückweisung hatte, aber auch sehr von mir eingenommen war. Keiner durfte etwas gegen meine Texte sagen«, meint er. »Es heißt immer, ›Nimm's nicht persönlich‹, aber wie soll das gehen, wenn in der Geschichte so viel von dir drinsteckt. Aber dann habe ich gemerkt, dass die Vorschläge der anderen mir weitergeholfen haben, und mich langsam daran gewöhnt.«

Es lohnt sich, es einmal mit einer Gruppe oder einem Gegenleser zu versuchen, denn meist bemerkt man die Schwächen in den eigenen Texten nicht so gut wie jemand anderes. Auf diese Art kann man wertvolle Tipps bekommen, wie man es noch besser machen könnte. Man sieht seine Geschichten und Gedichte zum ersten Mal durch die Augen von Lesern. Dass die Besprechungen ihrem Stil gut taten, stellte auch Marie-Luise Kunst fest, die durch eine Bekanntschaft in einem Theaterworkshop zu der Autorengruppe »Seitenspinner« kam. »Es ist wichtig, sich Leute zu suchen, die auch schreiben«, meint sie. »Wenn man als Jugendlicher allein im Kämmerchen sitzt und niemanden hat, der einen unterstützt, ist es ganz schwer, den Mut nicht zu verlieren und weiterzumachen.«

Eltern und beste Freunde sind nicht immer als Gegenleser geeignet, weil sie dich lieben und dadurch deine Werke nicht wirklich neutral sehen können. Am besten bewährt sich immer noch eine Autorengruppe. Achte darauf, dass du dich dort wohl und mit deinen Texten akzeptiert fühlst. Alter und Noten spielen keine Rolle, Konkurrenz sollte es hier nicht geben. Man versucht sich einfach gegenseitig zu helfen. Das funktioniert leider nur, wenn man kritisch ist: »Wichtig ist die Möglichkeit, sich mit Leuten auszutauschen, die sich nicht nur auf die Schulter klopfen, sondern bei denen es ans Eingemachte geht. Auch wenn's am Anfang ein bisschen weh tut«, sagt Martin Ohrt, Leiter der Jugend-Literatur-Werkstatt Graz. »Meiner Erfahrung nach versuchen die Teilnehmer behutsam miteinander umzugehen, weil jeder weiß, er kommt irgendwann auch dran.«

Denk daran, dass das, was die anderen sagen, immer nur **Meinungen** sind, die aus einem bestimmten Geschmack entstehen. Wenn ihnen dein Text nicht gefällt, bedeutet das nicht, dass er schlecht ist. Besonders bei Deutschlehrern muss man damit rechnen, dass sie ungewöhnliche, gewagte Texte zuweilen skeptisch betrachten. Aufmerksam werden sollte man aber, wenn von mehreren Leuten – besonders von Leuten, die selbst schreiben – der gleiche Einwand kommt. Dann ist die Wahrscheinlichkeit groß, dass an der **Kritik** »etwas dran« ist. Wichtig ist, dass man nicht gekränkt reagiert, sondern sich die Meinung des anderen ruhig anhört. Ob du sie dann umsetzt, weil du einen brauchbaren Kern darin gefunden hast, oder so schnell wie möglich vergisst, ist dann ganz allein deine Sache.

Die beste Art, mit Kritik oder Lob umzugehen, ist, gnadenlos nachzubohren. Gib dich nicht damit zufrieden, wenn jemand sagt: »Das fand ich cool!«, oder: »Das hat mir nicht so gut gefallen.« Erst wenn du weißt, *warum* deine Geschichte oder dein Gedicht jemandem gefallen oder nicht gefallen hat, kannst du deine Stärken ausbauen oder den Text noch mal gezielt überarbeiten. Frag denjenigen doch einfach mal:

- Wie er die Idee fand
- Wie er die Sprache fand
- Ob er sich die Personen gut vorstellen konnte oder ob die eine oder andere Figur zu blass geblieben ist
- Welche Szenen ihm besonders gut gefallen haben und welche weniger gut

- Ob irgendwelche Stellen ein bisschen langatmig waren
- Ob es Widersprüche in der Handlung gab

... und so weiter, bis dein Gesprächspartner deutliche Zeichen der Schwäche zeigt oder seine Fluchtversuche nicht mehr zu übersehen sind.

Fortbildung: Workshops und Kurse

Besonders dann, wenn du in deiner Umgebung niemanden gefunden hast, der sich als Gegenleser eignet, und auch weit und breit keine mögliche Autorengruppe in Sicht ist, dann ist ein Workshop oder Kurs eine gute Möglichkeit, Feedback zu deinen Texten zu bekommen. Dort kannst du die handwerklichen Tricks lernen, die allen Autoren nützlich sind – wie man Figuren charakterisiert, gute Beschreibungen schreibt, eine Handlung aufbaut, Spannung erzeugt.

Als Erstes solltest du dich darüber informieren, was die **Volkshochschule** in deinem Ort oder in der nächsten größeren Stadt anbietet. Meist sind dort einige Kurse zum Thema »Kreatives Schreiben« im Programm, die sich gut für Einsteiger eignen. Frag auch mal im Literaturbüro deiner Stadt nach, ob es solche Workshops veranstaltet (die Nummer findest du im Internet). Adressen von weiteren Anbietern findest du im Anhang dieses Buches. Vorsicht ist dagegen bei manchen **Fernlehrgängen** geboten, die Kurse sind oft teuer.

Wenn du in deiner Region keine Autorengruppe findest oder Spaß daran hast, dich spontan über Texte auszutauschen, dann sind Schreibgruppen und **Textwerkstätten im Internet** vielleicht das Richtige für dich. Manche Gruppen stellen Mitglieder-Texte zur Diskussion und veranstalten gemeinsame Online-Schreibwerkstätten. In anderen Gruppen kann jeder seine Storys sofort online stellen und bekommt meist sehr schnelles und offenes Feedback dazu. Da die Teilnehmer sich nur manchmal persönlich kennen und durch die anonyme Kommunikation viele Hemmungen wegfallen, kann der Ton dabei gnadenlos werden. Deshalb solltest du erst einmal in die Gruppe hinein schnuppern und feststellen, ob du dich dort wohlfühlen würdest, bevor du eigene Texte zur Diskussion stellst. Vorsicht vor Schreibgruppen, die nur loben – das bringt dich nicht weiter! Zu harte Kritik ist aber auch nicht gut, die kostet dich Motivation und Selbstvertrauen.

Adressen von Workshop-Anbietern findest du im Anhang und natürlich per Suchmaschine im Internet.

Autorenverbände: Gemeinsam geht's besser

Sich mit anderen Autoren austauschen kann man auch, indem man einem Verband beitritt. Das ist ein bisschen so wie in einem Verein, nur dass die Mitglieder über das ganze Land verstreut sind. Meistens gibt es aber Treffen der Regionalgruppen, so dass du auf diesem Weg auch andere schreibende Leute in deiner Gegend kennen lernst. Höre dich erst einmal in deiner Stadt und Region um, ob es dort Autorengruppen oder Verbände gibt. Findest du keine oder gefallen sie dir nicht, dann kannst du dich immer noch an eine der bundesweiten Vereinigungen wenden.

Bevor du einem Verband beitrittst, solltest du dich bei erfahrenen Autoren oder bei einem der Verbände, die in diesem Kapitel aufgeführt sind, erkundigen, was für einen Ruf er hat. Es gibt nämlich auch Pseudo-Autorenverbände, die aus undurchsichtigen Gründen von Geschäftemachern gegründet worden sind. Seriös und gut für Einsteiger geeignet ist zum Beispiel der BVjA (Bundesverband junger Autoren und Autorinnen). Dort kann man auch Mitglied werden, wenn man noch nichts veröffentlicht hat.

Später, wenn du schon mindestens ein Buch veröffentlicht hast, kannst du dich auch in den richtigen Berufsverbänden, sozusagen den »Gewerkschaften« der Schriftsteller, engagieren, zum Beispiel dem Verband deutscher Schriftsteller in ver.di.

Die Adressen von Verbänden, die für junge Autoren und Autorinnen geeignet sind, findest du im Anhang.

Die Texte sind fertig – was tun damit?

Die meisten Autoren möchten gelesen werden. Selbst wenn man es nicht auf Ruhm und Ehre abgesehen hat, so ist es doch irgendwie traurig, wenn die Schublade immer voller wird und kaum jemand die eigenen Texte kennt. Du *brauchst* nichts zu veröffentlichen, fühle dich also nicht dazu gedrängt. Wenn du aber wirklich mit deinen Geschichten oder Gedichten an die Öffentlichkeit treten willst, dann gibt es ein paar Dinge, die du beachten solltest:

- **Nimm deine Zweifel ernst**. Wenn du nicht sicher bist, ob deine Texte gut genug sind, gib dir noch ein bisschen Zeit, um daran zu arbeiten.
- **Wähle aus.** Versuche nicht, alles zu veröffentlichen, was du geschrieben hast. Vieles ist besser in der Schublade aufgehoben, ist nur Übung. »Man produziert viel interessanten Rohstoff«, sagt der erfahrene Schreibpädagoge und Autor Jürgen vom Scheidt dazu. »Das ist wie beim Klavierspielen. Ein Pianist macht seine Übungen, spielt seine Stücke und improvisiert, und dann gibt er ab und zu ein Konzert und spielt eine CD ein.«
- **Verschaff dir Abstand**. Schick nicht gleich die erste Version los. Lass den Text eine Weile liegen, damit du ihn mit etwas Abstand siehst, und überarbeite ihn, bis du das Gefühl hast, dass er ausgereift ist. Frage andere Leute nach ihrer Meinung darüber.
- **Geh auf Fehlerjagd.** Auch wenn du deine Texte »nur« im Internet veröffentlichst, versuche vorher die Rechtschreibung korrigie-

ren zu lassen. Nicht nur vom Computer, sondern auch von einem echten Menschen, der gut in sowas ist.

- **Region ist Trumpf**. Biete deine Texte nach der Faustregel *Erst in der Stadt, dann in der Region, dann bundesweit* an. In seiner eigenen Gegend hat man immer die besten Chancen, außer es handelt sich zum Beispiel um einen ganz speziellen Wettbewerb auf der anderen Seite Deutschlands, bei dem gerade dein Text wunderbar dazupasst.

Es ist selten, dass ein Autor auf Anhieb ein gedrucktes Buch in einem Verlag herausbringen kann. Auch bei Katrin Stehle, die später preisgekrönte Romane veröffentlichte, klappte es nicht gleich: »In der Buchhandlung, in die ich immer gegangen bin, kannten sie mich schon ziemlich gut. Eine Frau dort war die erste Fremde, der ich *Tims Briefe* gezeigt habe. Die fand das ganz toll und hat das Manuskript an zwei Verlage geschickt. Sie haben zwar abgelehnt, aber das zweite Schreiben war sehr hilfreich, sie haben mir Sachen gesagt, wo sie meinen, dass es hakt. Bei den anderen wusste ich aber, dass sie es gar nicht gelesen haben.«

Meist führt der Weg zur **Buchveröffentlichung mit Honorar** über Zeitschriften, Wettbewerbe, Stipendien und Workshops, aber auch über erfolgreiches Selfpublishing. Vielleicht wird dabei jemand auf deine Texte aufmerksam wird und sagt sich: »Moment mal! Der (oder die) kann ja wirklich gut schreiben!« oder »Hey, für diese E-Books interessieren sich ja wirklich viele Leser, da würde sich eine Druckausgabe lohnen!« Im Anhang findest du deshalb Adressen von Zeitschriften, an die du Gedichte oder Geschichten schicken kannst, und Infos über Literaturpreise für junge Autoren.

Wenn es dir nicht nur auf einen Verlag ankommt, sondern einfach darauf, dass deine Texte gelesen werden – und zwar möglichst sofort, ohne nervige Verlagssuche – dann wäre **Selfpublishing** vielleicht etwas für dich. In diesem Kapitel findest du deshalb Tipps, wie man ein eigenes E-Book erstellt und verbreitet oder das eigene Manuskript selbst als Buch herausbringt.

Wie schaffe ich es, ein Buch bei einem Verlag zu veröffentlichen?

Wenn du dein Buch mit Hilfe von Gegenlesern auf seine Schwächen »abgeklopft« und überarbeitet hast, ist der nächste Schritt, einen Verlag dafür auszusuchen und ihn für dein Projekt zu gewinnen. Leider sind die **Chancen**, dass das klappt, nicht besonders groß. Verlage beurteilen Manuskripte nicht nur nach der Qualität, sondern vor allem auch danach, wie viele Leser sich dafür interessieren könnten und wie gut es sich also verkaufen lässt. Auch aus diesem Grund wird von 1.000 unverlangt eingesandten Manuskripten durchschnittlich nur ein einziges schließlich als Buch gedruckt.

Welches von diesen Manuskripten das Rennen macht, darüber entscheiden nicht nur die Qualität des Textes, sondern auch der Geschmack des Lektors, der die Einsendungen prüft, und noch viele andere Faktoren. »Ich habe ein Riesenglück gehabt«, meint Mario Giordano. »Mein erstes Buch wurde nur gedruckt, weil sie einen Programmplatz frei hatten für den Herbst, weil sie eine Piratengeschichte gesucht haben, weil mein Manuskript irgendwo obenauf auf dem Stapel lag. Ohne Glück geht's nicht.«

Das heißt nicht, dass du wegen dieser schlechten Chancen sofort aufgeben solltest. Jede Einsendung ist wie ein Lotterieschein – nur, dass deine Gewinnchancen wesentlich besser sind als beim Lotto. Denn dort hat nur einer von Millionen Menschen Glück und gewinnt mehr als ein Taschengeld. Vielleicht ist gerade *dein* Buch das 1001., für das sich der Lektor auf Anhieb begeistert! »Ich werde dafür bezahlt, dass ich lese«, erklärt die Lektorin und Übersetzerin Angelika Kutsch. »Aber manchmal sitze ich an meinem Platz und lese ein Manuskript und vergesse, dass ich an meinem Arbeitsplatz sitze und dafür bezahlt werde, ich lese einfach und will weiterlesen und bin irritiert, wenn die Tür aufgeht oder das Telefon klingelt. Das ist mein Kriterium dafür, dass aus diesem Manuskript ein Buch werden sollte. Simpel, nicht?«

Ein ganz häufiger Fehler von Autoren ist, dass sie ihr Manuskript einem Verlag schicken, zu dem es gar nicht passt, zum Beispiel einen Roman zu einem Sachbuchverlag oder ein Jugendbuch zu einem Literaturverlag – natürlich kommt das Werk dann postwendend zurück.

Wirf mal einen Blick in dein Bücherregal und schreib dir auf, in welchem Verlag die Bücher erschienen sind, die dir am besten gefallen und die deinem Text am ähnlichsten sind. Auch die **Buchhandlung** ist ein gutes Jagdrevier, um den richtigen Verlag zu finden. Vorher musst du natürlich genau wissen, was für ein Buch du eigentlich geschrieben hast – passt es zu den Kinder- und Jugendbüchern, und wenn ja, in welche Altergruppe (es gibt die Kategorien »ab 8 Jahren«, »ab 10 Jahren«, ab »12 Jahre« und »junge Erwachsene«)? Oder ist es ein Erwachsenenbuch?

Wenn du dir das überlegt hast, kannst du dich gleich zum entsprechenden Regal begeben und dir anschauen, welche Verlage solche Bücher drucken. Dann gehst du ins Internet und schaust dir an, was der Verlag auf seiner Website über sich aussagt und was er für Bücher macht. Auf der Website findest du auch die Adresse des Verlages und vielleicht sogar den Ansprechpartner und Hinweise, wie und an wen man sein Manuskript einschicken kann.

Auf **Buchmessen** wie Frankfurt, die im Oktober stattfindet, oder Leipzig, die im März veranstaltet wird, kannst du dich ebenfalls gut über Verlage informieren. Dort stellen Tausende von Verlagen ihre aktuellen Bücher aus, so dass du dir einen Eindruck verschaffen kannst. Wenn dich ein Verlag besonders interessiert, nimm dir Informationsmaterial oder eine Vorschau (ein Prospekt der aktuellen Bücher) vom Stand mit. Übrigens kann man im Verzeichnis der Frankfurter Buchmesse (www.buchmesse.de) sehr gut nach Verlagsadressen suchen.

Wenn du ein spezielles Buch geschrieben hast, zum Beispiel ein Jugendbuch, und möchtest es Verlagen anbieten, dann hast du es leichter: Bestell dir mein *Handbuch für Kinder- und Jugendbuch-Autoren*, es enthält ein Verzeichnis der Kinder- und Jugendbuchverlage in Deutschland, Österreich und der Schweiz. Vielleicht kannst du es auch in deiner Bibliothek ausleihen. Außerdem gibt es noch die Broschüre »Kinder- und Jugendbuchverlage von A bis Z«.

Die meisten unbekannten Autoren schicken ihr Manuskript einfach an den Verlag (das nennt man eine **»unverlangte Einsendung«**) und warten dann auf Antwort. Da viele tausend Menschen jedes Jahr die gleiche Idee haben, und ihre Texte auch noch an die gleichen Verlage schicken – nämlich die bekanntesten – ist das die schlechteste Methode und funktioniert inzwischen nur noch bei kleinen Verlagen. Viel besser ist, wenn man es schafft, das Interesse eines Lektors zu wecken, damit er von selbst auf einen zukommt. Das schafft man zum Beispiel, indem man in Literaturzeitschriften veröffentlicht, an Wettbewerben teilnimmt (und möglichst gewinnt), Lesungen hält, Interviews gibt, sich also in der Öffentlichkeit »sichtbar macht«. Aber auch durch persönliche Kontakte kann man zum eigenen Buch kommen. Frag doch einfach mal deine Eltern und die Eltern deiner Freunde, ob sie zufällig jemanden kennen, der Kontakte zu Verlagen oder Medien hat. Dann geht dein Manuskript nicht so in der Masse unter.

Wenn das »sichtbar machen« nicht so gut klappt, dann ist die zweitbeste Möglichkeit, sich an einen **Literaturagenten** zu wenden – ohne Agent kommt man an viele mittlere und große Verlage nicht mehr heran. Literaturagenten nehmen einem die Arbeit ab, eine Heimat für sein Manuskript zu suchen, sie vermitteln Projekte und Autoren an Verlage und kümmern sich darum, dass der Autor ein gutes Honorar und einen für ihn günstigen Vertrag bekommt. Sie schreiben Verlage an, um für dein Manuskript zu werben, reisen auf die verschiedenen Buchmessen, um dort mit Lektoren zu sprechen, und beraten dich bei neuen Projekten. Einen Agenten zu finden funktioniert genauso wie einen Verlag zu finden (und ist leider genauso schwierig), man versucht Kontakte zu knüpfen oder schickt dem Agenten einfach Infos über sich, Exposé und Textprobe. Schau unbedingt vorher auf die Website des Agenten, um ein Gefühl dafür zu bekommen, ob dein Buchprojekt zu diesem Agenten passt. Und beachte die Hinweise zu Manuskripteinsendungen, die auf der Homepage stehen. **Achtung,** ein seriöser Agent bekommt nur einen Anteil von deinem Honorar (10 bis 20 %), wenn er dein Manuskript vermittelt, vorher erhält er keinen Cent! Bietet er dir irgendwelche bezahlten Lektoratsdienste an, ist das nicht in Ordnung.

Du kannst ruhig zwei oder drei »Bewerbungen« auf einmal rausschicken. Da die **Antwort** jedes Mal Wochen oder Monate auf sich warten lässt, bist du sonst alt und grau, bis das Manuskript endlich vermittelt ist. Gibt es mehrere Interessenten, ist das umso besser, dann kannst du dir einen davon aussuchen. Doch wahrscheinlich wirst du wie die meisten Autoren und Autorinnen mehrere Anläufe machen und einige Ablehnungen einstecken müssen. So ging es auch Andy Green (dieser Name ist das Pseudonym eines jungen bayerischen Autors), der als Jugendlicher Westernromane schrieb und heute unter anderem mit Büchern zu Fernsehserien und Kinofilmen – zum Beispiel *The Sixth Sense* – Erfolg hat. »Irgendwann mit fünfzehn oder so habe ich dann mal ein Theaterstück geschrieben, und da ich es wahnsinnig gut fand habe ich es an Suhrkamp geschickt. Sie haben sehr ausführlich geantwortet – wahrscheinlich, weil ich mein Alter in den Brief geschrieben hatte – und mir erklärt, es sei nicht theatergerecht. Das stimmte wohl, ich war ja auch kein Theaterkenner und kannte Stücke nur vom Lesen. Also habe ich das abgehakt und bin wieder zu Romanen übergegangen.«

Absagen einzustecken gehört für Nachwuchsautoren dazu. Es ist leider selten, dass der Verlag erklärt, warum er das Manuskript zurückgeschickt hat. Übliche Formulierungen sind »Passt nicht ins Programm« und »Leider ist unser Programm für die nächsten Jahre schon festgelegt.« Nach Monaten des Wartens einen solchen Formbrief zu bekommen ist ziemlich enttäuschend. Aber lass dich dadurch nicht zu sehr entmutigen – es bedeutet nicht automatisch, dass deine Geschichte schlecht ist. Wenn du dadurch Zweifel an deinen Texten bekommen hast, dann gib dir einfach noch ein paar Jahre Zeit und probiere es mit einem neuen Manuskript noch einmal. Agenten antworten etwas schneller als Verlage und geben öfter eine Begründung, warum sie ein Manuskript nicht vertreten möchten. Diese Profi-Kritik solltest du natürlich ernst nehmen, aber auch Agenten urteilen nach ihrem eigenen Geschmack. Was den einen Agenten kalt lässt, begeistert vielleicht einen anderen.

Wenn du eine **ermutigende Antwort** nach dem Motto »Dieses Manuskript/Thema passt bei uns gerade nicht, aber uns gefällt Ihr Stil, und schicken Sie uns gerne Ihr nächstes Projekt«, dann solltest du natürlich möglichst bald diese Chance nutzen und etwas liefern, bevor dein Name wieder in Vergessenheit gerät!

TIPP

Achtung, Falle! Kein Verlag sollte für eine Veröffentlichung Geld von dir verlangen. Wenn du einen Zuschuss leisten sollst, sag einfach *Nein!* Egal, wie sehr man dein Manuskript lobt und was man dir verspricht. Solche Dienstleister werben oft mit »Verlag sucht Autoren«-Anzeigen – auf die solltest du gar nicht erst antworten.

Wie sollten mein Manuskript und mein Anschreiben aussehen?

Zu jeder Einsendung an einen Verlag oder eine Literaturagentur gehören:

- dein Manuskript oder eine Textprobe
- ein Anschreiben
- ein Exposé

Du kannst, wenn du willst, auch eine Kurzbiografie beilegen (also Informationen über dich).

Dieses Material ist wie eine Bewerbung. Es sollte möglichst gepflegt und ordentlich aussehen, auch die Rechtschreibung solltest du natürlich checken oder checken lassen. Handgeschriebenes wird gar nicht erst gelesen, du musst den Text also eintippen.

Fangen wir mit dem Manuskript an und wie es aussehen sollte. In der ganzen Bücherwelt rechnet man mit **»Normseiten«.** So sollte deine Geschichte aussehen, damit sie dieser Form entspricht:

- Nimm eine gut lesbare 12-Punkt-**Schrift**. Hast du daran gedacht, **Absätze** zu machen? Das vergessen die meisten Jugendlichen.
- Der **Zeilenabstand** sollte eineinhalbzeilig sein. Auf die Normseite gehören 30 Zeilen Text, und jede Zeile sollte etwa 60 Zeichen

(Buchstaben plus Leerzeichen) lang sein. Das ergibt 1800 Zeichen. Lass auf beiden Seiten einen breiten Rand. Jetzt ist auf der Seite nicht gerade viel Text – aber so muss es sein, das ist genau richtig! So kann dein Lektor gut Korrekturen einfügen oder Kommentare an den Rand schreiben.

- Verwende einfaches, weißes Papier.
- Nummeriere die Seiten durch. Ganz wichtig. Wer keine **Seitenzahlen** einfügt, outet sich als Anfänger!
- Jedes Manuskript sollte ein **Deckblatt** haben, auf dem du den Titel (in schön großer Schrift in die Mitte), deinen Namen und deine Kontaktdaten schreibst. Du kannst auch auf jeder Seite eine kleine Kopfzeile mit deinem Namen und dem Titel des Werkes einfügen.

Bei Gedichten brauchst du das alles nicht einzuhalten. Bei ihnen ist die Gestaltung ja auch künstlerisch wichtig. Bei Lyrik solltest du deine Adresse auf jedes Blatt tippen.

Du brauchst nicht dein ganzes Manuskript einzuschicken. Gewöhnlich lesen Lektoren oder Agenten sowieso nur die ersten Seiten und nicht alles, für mehr reicht ihre Zeit nicht. Deshalb reicht es meist, eine **Textprobe** von etwa 30 Seiten vom Anfang einzuschicken. Das ist für dich einfacher und billiger, als den ganzen Wälzer einzusenden. Wenn dem Agenten oder Verlag die Textprobe gefällt, wird er den Rest des Manuskripts von dir anfordern.

Als nächstes machst du ein Anschreiben. Der Brief sollte nur eine Seite lang sein – du schreibst einfach, warum du deine Texte gerade an diesen Verlag oder diese Zeitschrift schickst und dass du sie dem Empfänger gerne zur Veröffentlichung anbieten möchtest. Gib am besten sonst gar keinen Kommentar zu deiner Geschichte oder deinen Gedichten ab. Adressiere den Brief und den Umschlag möglichst an eine ganz bestimmte Person, zum Beispiel den Leiter der Literaturagentur oder den richtigen Ansprechpartner im Lektorat. In manchen Verlagsverzeichnissen oder auf Websites steht dieser Name dabei. Ist das nicht der Fall, dann schreibst du »Sehr geehrte Damen und Herren« – damit macht man nie etwas falsch.

Wenn die anderen Taucher außerhalb der Station waren, schalteten sie sofort die Lampen an und verließen sich auf ihren starken Schein, der die kahle Landschaft des Meeresbodens erhellte. Leon hatte immer das Gefühl, dass sie verzweifelt die Finsternis zurückzudrängen versuchten. Doch die Dunkelheit umgab sie, sie konnten ihr sowieso nicht entgehen, und die dünnen Lichtfinger der Kopf- und Handlampen fand Leon eher jämmerlich. Dadurch entging den anderen mehr, als sie sahen.

Leon mochte die Dunkelheit der Tiefsee. Wenn er allein tauchte oder mit Lucy, dann schaltete er oft die Lampe ab. Die völlige Schwärze machte ihm nichts aus, irritierte ihn nicht – die Dunkelheit umhüllte ihn wie ein Mantel, und er fühlte sich geborgen in ihr. Nach einer Weile hatten sich seine Augen an die Umgebung gewöhnt, und er sah das, was die anderen verpassten. Das schwache Leuchten der Tiefseegarnelen. Den glimmenden Punkt, der einen Anglerfisch verriet – über seinem unförmigen Körper hing eine verlängerte Flosse, die einer Angel glich. Mit der wie eine Laterne leuchtenden Spitze lockte er Beute vor sein zähnegespicktes Maul. Das schnelle Blink-Blink eines Blitzlichtfisches, der die leuchtenden Flecken unter seinen Augen buchstäblich an und aus knipsen konnte, indem er ein Lid darüber schob.

Seine Nachbarn. Sie störten sich nicht an ihm, wenn er sich unter ihnen bewegte. Er war ein Teil dieser Welt.

Tief sog Leon mit Sauerstoff angereicherte Flüssigkeit, von seinem Anzug bereits auf Körpertemperatur angewärmt, in seine Lungen. Schon längst fühlte es sich nicht mehr fremd an, etwas Ähnliches wie Wasser zu atmen – schließlich machten das Fische und Kraken die ganze Zeit, mit ihren Kiemen nutzten sie den Sauerstoff im Meer. Ihm kam es viel seltsamer vor, Luft zu atmen, ein so dünnes Zeug, dass man richtig japsen musste.

1

KATJA BRANDIS

Straße Nr.
Postleitzahl Stadt
Telefon
Fax / E-Mail: KatjaBrandis@web.de

Ueberreuter Verlag GmbH
Frau XY, Lektorat Fantasy
Prinzenstraße 85D
10969 Berlin

Ort, Datum

Manuskriptangebot »Titel deines Werkes«

Sehr geehrte Damen und Herren,

ich möchte Ihnen mein Romanmanuskript mit dem Arbeitstitel »Der Verrat der Feuer-Gilde« zur Veröffentlichung anbieten. Die Zielgruppe sind Jugendliche ab 12 Jahre. Da Sie Ihr Programm in letzter Zeit um Jugendbücher und speziell phantastische Romane erweitert haben, würde es meiner Meinung nach gut in Ihren Verlag passen.

((Hier kannst du, wenn du möchtest, noch ein paar Worte über Dich einfügen – dein Alter, in welche Schule du gehst, seit wann du welche Texte schreibst. Dann brauchst du keine Kurzbiographie beizulegen))

Über Ihr Interesse an dem Projekt würde ich mich freuen.

Mit freundlichen Grüßen,

((Unterschrift))

Katja Brandis

Anlage: Manuskript »Der Verrat der Feuer-Gilde«
Exposé
Rückporto

Eine **Kurzbiographie** enthält die wichtigsten Daten zu deinem Leben, inklusive Namen und Adresse. Es reicht, wenn du hineinschreibst, in welchem Jahr du geboren worden bist, in welcher Schule und Klasse du jetzt bist, ob du schon etwas veröffentlicht hast (wenn ja, dann zähle es auf), ob du Schreibworkshops oder Seminare besucht hast oder Preise vorweisen kannst. Wenn du allerdings ein Diplomatenkind gewesen bist und schon in fünf Ländern gelebt hast oder wenn du erst seit ein paar Jahren in Deutschland wohnst, weil du aus einer Bürgerkriegsregion geflohen bist, dann schreib das ruhig auch dazu – das macht neugierig. Du kannst dich auch dafür entscheiden, all diese Informationen über dich wegzulassen, um vom Verlag als Erwachsener betrachtet und damit ernster genommen zu werden. Das wäre aber schade, denn Verlage sind an guten Texten junger Autoren sehr interessiert.

Was ist ein Exposé und wie bekomme ich das hin?

Wenn du einen Roman anbietest, dann ist es für den Lektor oder Agenten wichtig, dass du ein Exposé mitschickst, das heißt eine in Gegenwartform und möglichst spannend geschriebene Inhaltsangabe deines Buches auf ein bis fünf Seiten. Dialog gehört in ein Exposé nicht hinein, dafür aber deine Adresse, die Angabe, wie viele Normseiten dein Werk hat, für welche Altersgruppe du es geschrieben hast (zum Beispiel »ab 12«) und zu welchem Genre es gehört (Bilderbuch, Komödie, Krimi, Fantasy, Horror und so weiter). Aber woher sollst du wissen, wie viele Seiten dein Text hat, wenn du ihn vielleicht noch nicht mal fertig hast? Du kannst den Umfang erstmal schätzen und die Angabe im Exposé später noch ändern. Einem Agenten oder Verlag solltest du deinen Roman sowieso erst anbieten, wenn du ihn fertig hast. Das Manuskript fertig zu schreiben ist bei Anfängern Pflicht, Profi-Autoren dagegen verkaufen meist nur eine Idee und schreiben das Manusskript erst, wenn sie einen Vertrag dafür haben.

Den Inhalt deines Buches zusammenzufassen wird dir vermutlich nicht leicht fallen – schließlich musst du dafür wahnsinnig viele **Details der Handlung** weglassen! Versuch, die Handlung so zu schildern, wie du sie einer guten Freundin erzählen würdest (und zwar einer Freundin, die an diesem Tag nicht ewig Zeit hat!). Du beschreibst die Hauptfiguren und ihre Situation am Anfang ein wenig, erwähnst kurz, wo oder in was für einer Welt deine Geschichte spielt, und dann berichtest du, was passiert und welches die wichtigsten Wendungen sind. Achte darauf, nicht sämtliche Namen von **Nebenfiguren** zu nennen, sonst blicken die Leser deines Exposés bald nicht mehr durch, wer wer ist. Du darfst gerne ein paar Figuren unerwähnt lassen.

Natürlich würdest du deine zukünftigen Leser gerne neugierig machen, wie das Buch ausgeht, aber du darfst im Exposé nicht einfach mit ein paar Pünktchen andeuten, was passiert. Beschreib auch den kompletten **Schluss** und wie deine Geschichte endet. Die Lektorin oder der Agent muss ja beurteilen können, ob das Ende plausibel und die Story insgesamt »rund« ist.

Das Exposé muss nicht mit Normseiten gestaltet sein, du kannst gerne einzeiligen Abstand verwenden und kannst so mehr Text auf eine Seite packen. Knall die Seiten trotzdem nicht zu voll, das Exposé ist Teil deiner Bewerbung und sollte hübsch aussehen und gut lesbar sein. Aber was zählt, ist natürlich der Inhalt und ob deine Buchidee originell ist und viele Leser interessieren würde.

Wenn du Anschreiben, Exposé und Textprobe fertig und ausgedruckt hast (Verlage bekommen das Material gerne per Post, bei Agenten darf man es oft auch mailen), kannst du sie endlich abschicken. Am besten nicht an alle Agenturen oder Verlage auf deiner Liste gleichzeitig. Stell dir vor, du entdeckst nach dem Losschicken etwas, das du an deiner Textprobe dringend ändern möchtest, oder entdeckst nachträglich Rechtschreibfehler in deinem Anschreiben. Besser, du schickst dein Material zunächst an einige wenige Empfänger, dann nach ein paar Wochen schickst du die nächsten Sendungen los. Bei Agenten sollte man sich nicht bei zu vielen gleichzeitig bewerben (maximal zwei), sonst machst du dich unbeliebt. Sich bei fünf oder mehr Verlagen gleichzeitig zu bewerben ist aber völlig okay.

Es gehört zum guten Ton, bei ausgedrucktem Material **Rückporto** beizulegen. Du kannst die Briefmarken mit einer Klammer an

So könnte das Exposé zum Beispiel aussehen:

EXPOSÉ

»Der Verrat der Feuer-Gilde«

Katja Brandis
Straße, Hausnummer
Postleitzahl Stadt
Telefon-Nr., E-Mail

Genre: High Fantasy

Zielgruppe: Jugendliche ab 12 Jahre

Normseiten: ca. 270

Inhalt:
Rena ist fünfzehn Jahre alt, gehört der Erd-Gilde an und lernt im unterirdischen Haus ihres Onkels im Weißen Wald von Daresh das Handwerk der Holzmeisterin. Aber so richtig glücklich ist sie nicht: Sie ist in den Lehrling des Schmieds verliebt, aber der scheint nicht einmal zu bemerken, dass es sie gibt. Für sie ist das auch kein Wunder, denn er gehört der geachteten Feuer-Gilde an und darf schon ein Schwert tragen. Auch in der Feuer-Gilde zu sein, das ist Renas Traum – aber sie weiß selbst, dass es nur ein Traum ist, denn die Gilde zu wechseln ist auf Daresh alles andere als üblich.

((... und so weiter))

deinem Anschreiben festmachen oder in einen kleinen Umschlag stecken und beilegen. Viele Verlage bekommen über 1.000 unverlangte Manuskripte im Jahr, die zurückzuschicken geht sonst ganz schön ins Geld. Bei Zeitschriften bekommt man oft nicht mal Antwort, wenn man kein Rückporto oder einen an sich selbst adressierten Umschlag mit Briefmarke beilegt. Das liegt daran, dass die Herausgeber mit sehr wenig Geld auskommen müssen.

Wenn du einen Text losgeschickt hast, beginnt das Warten. Leider dauert es ziemlich lange, bis man von einem Verlag Antwort erhält, meist sogar ein paar Monate. Manche Manuskripte bleiben für immer in den Tiefen der Verlagswelt verschollen, deshalb solltest du niemals **Originale** verschicken, nur Kopien. Am leichtesten behältst du den Überblick, wenn du dir eine Liste machst, was du wann an wen geschickt hat.

Wie schaffe ich es, in einer Zeitschrift zu veröffentlichen?

Die erste Adresse für eine kleine Veröffentlichung ist natürlich die **Schülerzeitung** an deiner Schule. Jede Wette, dass die Redaktion scharf darauf ist, brauchbare Texte zu bekommen. Normalerweise haben diese Zeitungen eher zu wenig Material als zu viel, und sind sehr daran interessiert, neue Autoren zu werben – nicht nur als Artikelschreiber. Ruf die doch einfach mal an und unterhalte dich mit ihnen, oder sende eine kleine Auswahl deiner Texte. Am besten eignen sich natürlich Kurzgeschichten und Gedichte, aber auch Romanauszüge werden manchmal gedruckt. Schülerzeitungen zahlen zwar kein Honorar, aber du hast den Vorteil, dass du auf dem Weg zur Veröffentlichung kaum nervige Hürden überwinden musst und zudem deinen Bekanntheitsgrad an der Schule mit jedem veröffentlichten Text langsam aber stetig steigerst.

Etwas schwieriger ist es, eine Geschichte oder ein Gedicht bei einer **Literaturzeitschrift** »unterzubringen«. Es gibt Hunderte dieser meist kleinen Magazine, die in atemberaubenden Tempo entstehen und wieder verschwinden. Manche von ihnen sind aufwändig gestaltet, andere sehen Schülerzeitungen zum Verwechseln ähnlich, haben aber eine erwachsene Leserschaft. Im Anhang dieses Buches findest du eine kleine Auswahl von Zeitschriften ganz verschiedener literarischer Stilrichtung. Sie sind für Autoren eine Fundgrube von Informationen. Wenn du dir ein paar bestellst, zu denen deine Texte möglicherweise passen, bekommst du außerdem einen guten Überblick darüber, was andere Autorinnen und Autoren so schreiben und ob du eine Texte schon gut genug sind, um mithalten zu können.

Entscheidest du dich dafür, etwas einzusenden, dann leg höchstens zehn bis zwanzig Seiten Text oder zehn Gedichte und einen frankierten Rückumschlag für die Antwort bei. Honorar zahlen nur ganz wenige Zeitschriften. Manchmal werden Autoren jedoch in Form von »Tauschwaren« entlohnt, zum Beispiel durch ein Abonnement. Dafür bleiben die Verwertungsrechte an der Geschichte meist komplett bei dir (du kannst die Story also noch mal veröffentlichen), während sie bei einer Buchveröffentlichung an den Verlag übergehen.

Bei vielen Zeitschriften bekommst du nicht extra Bescheid, wenn deine Geschichte angenommen wurde – sie wird einfach abgedruckt, und irgendwann flattert dir dann das Belegexemplar ins Haus.

Bei Literaturzeitschriften im Internet geht das alles schneller und einfacher, du mailst deine Texte und eine Kurzvita an die Redaktion und erfährst meist nach wenigen Tagen oder Wochen, ob der Text angenommen wird oder nicht.

Wie viel Geld kann ich eigentlich mit einem Buch verdienen?

Zwischen null und einigen Millionen Euro, je nachdem, wie viele Leser von deinem Buch erfahren, es haben wollen und bereit sind, dafür zu bezahlen!

Als **Honorar** für ein Buch bekommt man bei einem winzigen Verlag manchmal nur ein paar kostenlose Exemplare, aber normalerweise erhältst du von einem Verlag einen bestimmten Anteil von jedem verkauften Buch. Es sind zwischen 7 und 10 % vom Nettoladenpreis (dem Preis in der Buchhandlung minus die Mehrwertsteuer, die bei Büchern durch eine Sonderregelung im Moment 7 % beträgt). Ein Beispiel:

1. Dein Buch wird für 12,90 Euro verkauft
2. Davon sind 7 % Mehrwersteuer,
   also ist der Nettoladenpreis 12,06 Euro
3. Von diesen 12,06 Euro bekommst du 8 %
4. Von jedem verkauften Buch bekommst du also 96 Cent.

Das klingt nicht gerade viel, aber es läppert sich, wenn das Buch gut »läuft«. Damit der Autor nicht so lange auf sein Geld warten muss, zahlen die Verlage ihm meist einen Vorschuss. Entweder bekommt man ihn, wenn man den Buchvertrag unterschreibt oder wenn man das Manuskript abgibt oder wenn das Buch erscheint, je nachdem was du mit dem Lektor vereinbart hast. Du bekommst bei der Veröffentlichung so viel Geld, als wären schon einige hundert oder tausend Stück verkauft worden, und erhältst erst dann wieder Prozente, wenn dein Buch den Vorschuss eingespielt hat. Vorschüsse liegen für Einsteiger meist um die 750 bis 5000 Euro, je nachdem wie der Verlag die Chancen des Buchs einschätzt. Verspricht man sich davon, dass es ein Bestseller werden könnte, ist natürlich mehr Geld drin. Wenn Taschenbuch-, Film- oder Übersetzungsrechte von deinem Buch verkauft werden, bekommst du meist die Hälfte des Erlöses, das können noch mal einige tausend Euro sein. Ein- bis zweimal im Jahr wird abgerechnet, dann bekommst du das Geld überwiesen (leg dir also rechtzeitig ein Girokonto zu).

Wenn du dir nicht sicher bist, ob das **Angebot** des Verlages angemessen ist, kannst du beim nächstgelegenen Literaturbüro nachfragen (es gibt in jedem Bundesland mindestens eins, die Adressen findest du im Internet, einfach in der Suchmaschine »Literaturbüro« eingeben). Auch der Bundesverband junger Autoren (BVjA) kann dir weiterhelfen. Was den **Vertrag** angeht, so kannst du ihn ebenfalls von diesen Organisationen checken lassen. Wenn du einen Literaturagenten hast, erledigt er das für dich. Aber auch mit einer Agentur schließt du einen Vertretungsvertrag! Am Vertragschecken kommst du also so oder so nicht vorbei.

Wenn du unter Vertrag genommen wirst, dann solltest du dem Verlag die Datei deines Manuskript schicken (am besten im »Rich Text« oder »Word«-Format). Bis das Buch erscheint, dauert es dann noch mindestens ein halbes Jahr, meist sogar ein Jahr oder sogar – halt dich fest! – zwei Jahre.

Wie funktioniert Selfpublishing?

Wenn du keine Lust hast, so lange zu warten, oder keinen Verlag gefunden hast, dann kannst du die Veröffentlichung immer noch selbst in die Hand nehmen. Das macht zwar etwas mehr Arbeit, doch dafür bestimmst du alles, was mit deinem Buch zu tun hat, selbst. Es gab noch nie so viele Möglichkeiten, seinen Roman mit wenig Geld selbst zu veröffentlichen, ob als **E-Book** oder als **gedrucktes Buch**. Natürlich wirst du für eine solche Veröffentlichung nicht so sehr bewundert wie für ein Buch bei einem »richtigen« Verlag, dazu gibt es zu viele schlechte oder schlecht lektorierte Texte mit hässlichem Titelbild (Cover) unter den selbst veröffentlichten Romanen. Wichtig ist, dass du auf deinen selbst veröffentlichten Text stolz sein kannst, deshalb überarbeite ihn streng und achte auf eine möglichst professionell wirkende Gestaltung (wie du an ein gutes Cover herankommst, erfährst du ebenfalls in diesem Kapitel).

Wenn es dir erstmal darum geht, gelesen zu werden, kannst du deine Kurzgeschichten zum Beispiel auf Literatur-Websites oder in Online-Magazinen veröffentlichen. Im Anhang findest du Links dazu. Längere Texte kannst du in einer Buchcommunity zum Lesen zur Verfügung stellen. Über die Kommentarfunktion können Fans (meist nur registrierte Nutzer) dir mitteilen, wie dein Text ihnen gefallen hat. »Ich veröffentliche auf **BookRix**, wo ja viele andere, die ebenso gerne schreiben, zusammenkommen«, erzählt Stefanie Link, 16. »Ein großer Vorteil ist, dass so jeder deine Bücher lesen kann, außerdem kann man sich mit anderen Schreibern und auch Lesern unterhalten. Wenn man will, kann man seine Bücher auch kostenpflichtig anbieten, das will ich ausprobieren. Zurzeit habe ich fünf Romane auf BookRix, sie haben bis auf einen über 100 »Herzchen« bekommen haben (das entspricht in etwa einem Like) und Klicks haben sie im Durchschnitt über zweitausend.« Sie hat ihre Romane unter Pseudonym veröffentlicht: »Mir kam ein Pseudonym einfach sicherer vor, und es gefiel mir besser als mein richtiger Name. Bei der Auswahl war wichtig, dass ich mich damit identifizieren kann.«

TIPP

Gibt es Textklau im Internet? Leider ja, wenn auch weniger oft als man vielleicht glaubt. Für Texte im Internet gilt das normale Urheberrecht, Plagiat und unberechtigte Verwendung sind genauso verboten wie bei gedruckten Geschichten oder Gedichten. Wenn du also entdeckst, dann jemand von dir »geklaut« hat, kannst du demjenigen richtig die Hölle heißmachen. **Achtung**, Ideen sind nicht genauso rechtlich geschützt wie Texte; du kannst niemand daran hindern, deinen Einfall aufzugreifen! Wenn du eine wirklich gute Romanidee hast, aber noch nicht dazu gekommen bist, ein Manuskript daraus zu machen, behalte die Idee besser für dich.

Wenn du nach einer Weile sicher bist, dass deine Romane gut ankommen, dann kannst du dafür auch Geld verlangen – dein erstes selbst verdientes Autorenhonorar. Du kannst zum Beispiel deinen Text bei Kindle Direct Publishing (Amazon) oder der Tolino-Plattform *tolino-media.de* veröffentlichen, dann kann man ihn dort kaufen. Noch praktischer sind **Plattformen**, die deinen Text als E-Book an alle wichtigen **Online-Buchshops** liefern, wo man sie anschließend kaufen kann (eine Liste solcher Plattformen findest du im Anhang). neobooks beispielsweise beliefert fast zwei Dutzend Internet-Buchläden, von Amazon und buecher.de bis hin zum iTunes-Shop. Wer dein E-Book haben will, kann es einfach online erwerben und sich auf den Reader, ein Tablet oder Smartphone herunterladen. Einmal im Monat bekommst du eine Abrechnung über die verkauften Exemplare und eine Auszahlung der Verkaufserlöse. Reich werden nur wenige Selfpublisher, aber vielleicht hast du Glück und dein Buch schlägt richtig ein – immer wieder gibt es Überraschungs-Bestseller, bei den Jugendromanen besonders im Bereich Fantasy/Romantasy.

Einen Text bei neobooks hochzuladen ist ganz einfach – du gibst ins Online-Formular Titel, Autorenname, Klappentext und Kurzbiografie ein, die musst du vorbereiten. Anschließend lädst du das Cover (als JPG) und Manuskript (muss im Word-Format sein, Titel und Autorenname vorher rauslöschen) hoch und kannst ein letztes Mal überprüfen, ob dein Text als E-Book auch so erscheint, wie du möchtest. Hier solltest du genau hinschauen, es kommt öfter mal vor, dass die Software Kapitel nicht erkennt, Überschriften frisst oder sonst wie Unsinn machst. Aber mit ein bisschen Herumfummeln in der Datei und einer Neueingabe des Projekts und notfalls einem Hilferuf an die Adresse der Betreiber (die Fragen rasch per Mail beantworten) bekommt man das in den Griff.

Nachdem du deine Freigabe erteilt hast, überprüft ein neobooks-Mitarbeiter, ob dein Buchprojekt den Vorgaben entspricht und kein grober Unfug ist. Dann bekommst du entweder eine Mail mit der Nachricht, dass du noch etwas ändern sollst (zum Beispiel, wenn um das Cover ein weißer Rand auftaucht), oder dein Buch wird an die angeschlossenen E-Book-Plattformen ausgeliefert. Du kannst selbst kontrollieren, wie oft es gekauft wurde. An jedem Abend werden die Daten auf der Website aktualisiert, nach dem Einloggen siehst du deine **Verkaufszahlen**, kannst in einer Grafik nachvollziehen, wie deine Verkäufe sich entwickeln, und sogar feststellen, über welche Plattform die meisten E-Books verkauft worden sind (erfahrungsgemäß geht die Hälfte über Amazon weg, jeweils knapp ein Viertel über Weltbild und Thalia – der Rest der Shops trägt nur wenige Prozent bei).

Praktisch ist, dass du für diesen Service kein Geld vorlegen musst, du also einfach so einsteigen kannst. Aber natürlich wollen die Betreiber solcher Websites auch etwas verdienen, und das tun sie über **Gebühren** – von jedem verkauften Buch ziehen die Plattform, über die das E-Book verkauft worden ist, und neobooks ihren Anteil ab. Wenn du dein E-Book beispielsweise für 2,99 Euro pro Exemplar verkaufst, dann bleiben für dich zwischen 1,10 und 1,30 Euro übrig. Gar nicht so viel – aber tröste dich, bei einem gedruckten Buch wäre es weniger. Denn hier arbeiten ja Lektoren, Marketing-, Presse- und Vertriebsleute und Hersteller daran mit, dein Buch herauszubringen, der Verlag hat also viel höhere Kosten (und du weniger Arbeit).

Wenn du nach der Online-Veröffentlichung Fehler in deinem Manuskript entdeckst oder dir das Cover nicht mehr gefällt, ist das nicht schlimm. Für die **Aktualisierung** kannst du deine Datei einfach bearbeiten und eine neue Version hochladen. Es dauert aber nach jeder Aktualisierung ein paar Tage, bis die korrigierte Fassung an die anderen Plattformen ausgeliefert ist.

Wie erstelle ich selbst ein E-Book?

Bei den meisten Plattformen musst du nur dein Word-Manuskript (plus Cover natürlich) hochladen. Aber vielleicht willst du auch selbst über deinen Text als E-Book verfügen. Dafür solltest du dir die **Software** »Calibre« zulegen, man kann sie kostenlos aus dem Netz herunterladen. Sie zu bedienen ist nicht schwer – auch hier lädt man seinen Text als Datei hoch, fügt das Cover hinzu und wählt ein paar Optionen aus. Zum Beispiel, in welchem **Format** du dein E-Book haben möchtest – zum Beispiel als EPUB (das gängigste Format, kann von den meisten Geräten gelesen werden) oder MOBI, das Format von Amazon (das nur Kindle-Geräte lesen können). Nach der Konvertierung kannst du überprüfen, ob das E-Book so geworden ist, wie du es möchtest. Beim ersten Versuch bist du wahrscheinlich entsetzt darüber, was alles nicht stimmt. Du wirst eine Weile herumprobieren und Einstellungen ändern müssen, bis alles passt. Wenn du weniger als zehn Versuche brauchst, bist du richtig gut! Bestimmt hast du zu Anfang auch das Impressum vergessen, das etwa so aussehen sollte:

Impressum

Cover-Gestaltung: Alica Urban & Katja Brandis
Copyright Illustrationen: aarstudio (Fotolia.com), Kesu (Fotolia.com)

Copyright 2014
Katja Brandis
Pfarrer-Bendert-Str. 2
82140 Olching
KatjaBrandis@web.de

Alle Rechte vorbehalten

Am wichtigsten sind die Rechtenachweise und die Kontaktdaten (wenn du unter Pseudonym schreibst, kannst du hier auch eine c/o Adresse einfügen, so dass du deinen richtigen Namen nicht verraten musst.) Falls jemand dein Manuskript lektoriert hat, sollte auch dies ins Impressum: »*Lektorat:* Name XY«

Wenn du es geschafft hast, verfügst du über eine fertige E-Book-Datei, die du zum Beispiel auf deinen eigenen Reader laden, verschenken oder an Blogger zur Rezension schicken kannst.

TIPP

Qindie ist eine Initiative, die sich für qualitativ hochwertige **Indie-Publikationen** einsetzt. Man kann sich mit seinem Projekt bewerben und wird, wenn es den anderen Mitgliedern gefällt, aufgenommen und kann das Qindie-Siegel auf seinen selbst veröffentlichten Büchern anbringen. Nähere Infos unter *www.qindie.de*

Wo finde ich einen Cover-Designer für mein Buchprojekt?

Für dein Buchprojekt brauchst du einen Titel und ein Titelbild, sofern du das Cover nicht rein typografisch, also nur mit Schrift, gestalten willst. Das Titelbild für dein Projekt sollte möglichst attraktiv sein, denn deine Leser entscheiden nach Cover und Inhaltsangabe, ob sie dein Buch lesen wollen oder nicht. Ein **Cover selbst designen** kann viel Spaß machen, probier es doch einfach mal. Sehr gut eignet sich dafür das Grafikprogramm GIMP, das du kostenlos herunterladen kannst. Falls du niemanden kennst, der dir dazu ein paar Tipps geben kannst, helfen dir Bücher und Video-Tutorials beim Einstieg. Vielleicht hat auch einer deiner Freunde oder Freundinnen Spaß an Design und entwickelt für dich oder mit dir zusammen ein Cover?

Das Cover sollte immer ungefähr das Seitenverhältnis 16:10 (Höhe zu Breite) und mindestens 1024 Pixel Höhe haben (manche Websites wollen sogar 2560 Pixel). Spezielle Schriften kannst du kostenlos aus dem Internet herunterladen, beispielsweise bei *1001freefonts.com*, und Bilder, die ihr als Ausgangsmaterial verwenden könnt, findet ihr zum Beispiel auf Foto-Seiten wie *Flickr* oder in Datenbanken wie *shutterstock*, *fotolia* oder *123rf*. Wenn du fremde Bilder in der endgültigen Version deines Covers verwenden willst, musst du natürlich den Rechteinhaber um Erlaubnis bitten. Manche Fotos sind unter einer »Creative Commons«-Lizenz freigegeben, doch Vorsicht, das gilt manchmal nur für Nutzungen, bei denen kein Geld verdient wird. Lies dir die Nutzungsbedingungen genau durch. Bei einer preiswerten **Bilddatenbank** kostet das Recht, ein Bild zu verwenden, etwa 5 bis 10 Euro. Oder du hast Lust, selbst ein Fotoshooting zu organisieren?

Bei deinen **Entwürfen** solltest du darauf achten, dass man den Buchtitel auch noch lesen kann, wenn dein Cover briefmarkenklein angezeigt wird (ungefähr so groß wie in der Ergebnisliste bei Amazon). Und finde unbedingt heraus, ob deinen Fans das Cover gefällt – frag deine Freunde und Social-Media-Kontakte nach ihrer ehrlichen Meinung und ihren Verbesserungsvorschlägen!

Wenn du ein richtiges **Profi-Titelbild** möchtest, das nicht »selbstgebastelt« aussieht, dann schau dich mal bei anderen Selfpublishern um, und wenn dir ein Design besonders gut gefällt, fragst du freundlich nach, wer das Cover gemacht hat. So kommst du auf die Namen von guten Nachwuchs-Grafikern. Stefanie Link erzählt: »Für meine Cover habe ich eine andere BookRix-Userin angeschrieben und gefragt, ob sie mir kostenlos welche machen würde; das ist auf dieser Plattform nicht ungewöhnlich. Diese Cover sind toll geworden!«

Einen Versuch ist es wert. Vielleicht kannst du im Austausch irgendetwas anbieten, was du besonders gut kannst?

Wer Geld damit verdient, Designs für Bücher zu entwerfen, wird kaum kostenlos für dich arbeiten. Für etwa 50 Euro bekommst du ein **vorgefertigtes Cover**, das zwar nicht speziell für deinen Roman gemacht wurde, aber mit etwas Glück dafür passt. Für 100 bis 150 Euro bekommt man bei jungen, noch nicht so bekannten **Grafikern** schon ein gutes Cover, das nicht »selbstgebastelt« aussieht (das ist günstig im Vergleich zu richtigen Grafik-Design-Agenturen, die 500 Euro und mehr verlangen!). Zu Anfang solltest du der Grafikerin ausführlich den Inhalt deines Romans, die Zielgruppe und deine Vorstellungen für das Cover schildern. Wichtig ist ja, dass die richtige Stimmung, die zu deinem Buch passt, rüberkommt. Die Grafikerin macht gewöhnlich mehrere Entwürfe, und du kannst dir etwas aussuchen. Wenn du Änderungen möchtest, sollte sie das kostenlos umsetzen. Schau dich nicht nur in Deutschland nach einem Grafiker um, es gibt auch sehr gute und günstige amerikanische Designer! Einfach mal googlen unter dem Stichwort »ebook covers« oder »premade ebook covers«.

Manche Vertriebsplattformen, zum Beispiel Kindle Direct Publishing, bieten ein **»CoverCreator«-Programm**, also eine Software, mit der du Cover automatisch erstellen kannst. Aber nutze sie nur, wenn es nicht anders geht. Denn ein Buch mit einem solchen Cover darfst du üblicherweise nur bei dem Anbieter verwenden, bei dem du es erstellt hast, nirgendwo sonst.

Wo finde ich einen Lektor oder Korrektor für mein Buchprojekt?

Wenn Fans in deinem Buch Fehler entdecken, ist das ziemlich peinlich – und in den Rezensionen gibt's Haue. Wenn du deine Story »nur so« online stellst, dann reicht es, wenn du sie selbst streng durchkorrigierst (am besten auf dem Ausdruck, so sieht man viel mehr Fehler als auf dem Bildschirm). Aber wenn du sie zum Beispiel bei BookRix präsentierst oder in Online-Buchshops zum Kauf anbietest, sollte dein Text in richtig gutem Zustand sein. Bei Autoren, deren Bücher von einem Verlag veröffentlicht werden, kümmert sich ein **Lektor** oder eine Lektorin darum, dass Handlung und Figuren ausgereift sind, es keine Logikfehler mehr gibt und die Grammatik bei den Lesern keine Schreianfälle hervorruft. Zusätzlich schaut meist ein Korrektor über den Text, bevor er als Buch erscheint, und fischt letzte Tipp-, Satz- und Rechtschreibfehler heraus. Wenn du dein Buch selbst herausbringen willst, solltest du erst Mal alle Worte überprüfen, die die Textverarbeitung unterstrichen hat. Danach hast du folgende Möglichkeiten, einen Lektor/Korrektor zu finden:

- Du suchst dir jemand aus deiner **Schule oder Klasse,** der richtig gut in Rechtschreibung und Grammatik ist, und bittest ihn um Unterstützung. Kannst du etwas als Gegenleistung bieten? Wenn nicht, dann wenigstens einen Platz in der Danksagung und ein signiertes Exemplar deines Buches.
- Du schließt sich mit **anderen Autoren** zusammen, deren Texte einen guten Eindruck machen, und ihr lektoriert euch gegenseitig.
- **Nette Erwachsene** (Deutschlehrer, pensionierte Deutschlehrer, Eltern oder Freunde der Eltern) sind oft so freundlich, dir bei der Korrektur zu helfen.
- Falls es nicht anders geht – auf www.lektorat.de gibt es jede Menge **Profis**. Unbedingt vorher ein Angebot machen lassen und eine Seite testlektorieren lassen. Vielleicht finden deine Eltern, das sei doch ein cooles Geburtstags- oder Weihnachtsgeschenk?

Wenn du die Korrekturen einarbeitest, mach dir eine Liste deiner **»Lieblingsfehler«.** Denn meist macht man immer die gleichen Fehler.

Wenn du es schaffst, diese Dauerfehler in den Griff zu bekommen, werden deine Manuskripte mit wenig Aufwand viel besser aussehen.

Wo kann ich mein Buch drucken lassen?

E-Books sind gut und schön, aber ein gedrucktes eigenes Buch in der Hand zu halten ist ein ganz besonderes Gefühl, außerdem kann man mit einer Druckausgabe Lesungen halten (was schwer ist, wenn man nur ein E-Book veröffentlicht hat). Zum Glück gibt es inzwischen die **»Print on demand«**-Methode – immer, wenn jemand eins deiner Bücher bestellt, wird auch ein Exemplar gedruckt. Eine tolle Sache, denn früher musste man gleich alle Exemplare auf einen Schlag drucken lassen, was viel Geld kostete, und hatte dann den Keller voller Bücher, die man mühsam per Hand verschicken musste. Die meisten Print on demand-Anbieter nehmen einem diese Arbeit ab – du musst nur Text (als fertig layoutetes PDF) und Cover hochladen, der Anbieter druckt das Buch, versendet es an den Besteller oder die Buchhandlung und kassiert in deinem Auftrag den Verkaufspreis. In regelmäßigen Abständen bekommst du eine Abrechnung, musst aber sonst nichts mehr tun. Außer natürlich dein Buch bekannt zu machen.

Es gibt inzwischen viele Adressen für Selfpublisher, die bekanntesten sind *BOD* (www.bod.de) und *CreateSpace* (ein Amazon-Unternehmen). Bei beiden ist die Druckqualität kaum von einem »normalen« Buch zu unterscheiden. Bücher, die über BOD verlegt werden, haben einen relativ hohen Ladenpreis, hier kann CreateSpace punkten. Dafür hat CreateSpace den Nachteil, dass die Bücher nur über Amazon zu bekommen sind. Außerdem ist es nicht ganz einfach, sich durch die englische Anleitung durchzuarbeiten. Weitere gute Anbieter – die sowohl E-Books als auch gedruckte Bücher verlegen – sind *epubli.de* oder *tredition*. Meist kostet ihre Dienstleistung nur einen geringen Grundbetrag, aber du musst jedes einzelne deiner Bücher, das du selbst haben willst, bezahlen. Das geht schnell ins Geld. Aber vielleicht wünschst du es dir zum Geburtstag oder zu Weihnachten?

Ganz wichtig: Bevor du ein Buch herstellen lässt, druck dir den Text so aus, wie er später im Buch erscheinen wird (also am besten ein PDF davon herstellen) und lies ihn ganz streng Korrektur oder lass ihn von jemand mit richtig guter Rechtschreibung Korrektur lesen. Und bevor du ein Buch in den Handel schickst, lass dir unbedingt ein Probeexemplar machen und schau es konsequent auf Fehler und Designpannen durch!

Sei realistisch – all diese Dienstleister leben hauptsächlich davon, dass die Autoren Exemplare ihrer eigenen Bücher bestellen. Im Buchhandel wirst du diese Bücher nicht liegen sehen, denn dort konkurrieren schon die Verlage um jeden einzelnen Platz in den Regalen. Aber du kannst sie zum Beispiel auf Lesungen verkaufen, die du dir organisiert hast, und auch per Internet werden diese Bücher bestellt.

Wie mache ich mein selbst veröffentlichtes Buch bekannt?

Auf deiner eigenen **Website** kannst du eine Auswahl deiner Gedichte oder Geschichten präsentieren und natürlich Werbung für deine selbst veröffentlichten Bücher machen. Am besten gleich mit Bestell-Link. Wenn du Spaß daran hast, dich in den **Sozialen Netzwerken** zu tummeln, dann kannst du dort alles Mögliche posten, was mit deinem Buch zu tun hat – wie du vorankommst, welche Titel du in der engeren Auswahl hast oder ob du gerade mit einer Schreibhemmung kämpfst (Aufmunterung von Facebook-Freunden kann nie schaden!). Du kannst Coverentwürfe zeigen, Lesungen ankündigen, dich für Rezensionen bedanken und so weiter. Aber Achtung, poste auch nicht zu viel zu deinem Buch, sonst nervt das deine Freunde!

Wichtig ist auch, dass du **Literatur-Websites** und **Buchblogs**, die sich mit deiner Art von Büchern beschäftigen (Fantasy, Thriller etc.) darüber informierst, dass es das Buch gibt. Leider rezensieren nicht viele E-Books, aber mit einer Druckausgabe hast du Chancen. Doch die ist nicht billig, du wirst sie sicher für die Blogs reservieren, bei der du dir die besten Chancen auf eine Besprechung ausrechnest. Und sei nicht geknickt, wenn mal eine Besprechung etwas schlechter ausfällt! So was wegzustecken gehört zum Autorenalltag, und auf keinen Fall solltest du beleidigt reagieren. Wenn du merkst, dass vielen Lesern dein Buch nicht so gefallen hat, solltest du es wieder aus dem Netz nehmen und gründlich überarbeiten.

Eine ebenso gute Möglichkeit, sein Buch bekannt zu machen, sind **Lesungen.** Wer dich persönlich erlebt hat, der hat viel mehr Lust, sich das Buch zu kaufen (jedenfalls, wenn du dich gut vorbereitet hast und Spaß am Auftritt hattest)! Bei Christopher Paolini hat das blendend funktioniert, nachdem er mit 15 Jahren seinen ersten *Eragon*-Band geschrieben hatte. »Früher bin ich im mittelalterlichen Kostüm durch kleine Buchhandlungen gepilgert und habe die Werbetrommel für mein Buch gerührt«, erinnert er sich in einem Interview (BeNet 2005). »Heute komme ich zu Lesungen und da sitzen Hunderte von Leuten und die haben alle mein Buch gelesen – das ist schon Wahnsinn.«

Wie organisiere ich mir eine Lesung?

Seine Texte »live« zu lesen ist ein ganz besonderes Erlebnis, denn als Autor bekommt man sein Publikum sonst nur selten zu Gesicht. »Zunächst hatte ich total Muffensausen«, erinnert sich Andy Green an seine erste Lesung. »Ich hatte den 2. Preis bei einem Wettbewerb gewonnen und sollte meinen Text zusammen mit den anderen Gewinnern, ein paar älteren Leuten, bei einem Fest mit bayerischer Gemütlichkeit in der Kreisstadt vorlesen. Angst hatte ich bis zu dem Moment, wo es richtig losging. Dann habe ich es sehr genossen, dass so viele Leute mir zuhörten.«

Meist fängt man klein an: Vielleicht ergibt sich ja eine Gelegenheit, ein paar deiner Texte vorzutragen, wenn ein paar Freunde und Bekannte bei dir zu Besuch sind. Das ist eine gute Übung, denn Lampenfieber gehört natürlich dazu, und es ist gar nicht so einfach, trotzdem gut betont und im richtigen Tempo zu lesen!

Wenn du diese Lesungen gut überstanden hast, kannst du dich in einen **Poetry Slam** wagen. Das sind Veranstaltungen (meist in Kneipen), bei denen jeder vors Mikrophon treten und Texte lesen darf.

Jeder Autor hat fünf bis zehn Minuten Zeit, um seine Geschichten oder Gedichte zu präsentieren; meist kommen an einem Abend um die zehn Leute dran. Manchmal gibt es sogar einen Preis zu gewinnen, ein Essen oder ein T-Shirt oder etwas in der Art. Die Stimmung ist oft super, es wird viel geklatscht, gelacht und gegrölt. Klar, dass in so einer Atmosphäre witzige Storys oder schräge Lyrik am besten ankommen.

Slams finden meist in größeren Städten statt. Aber auch wenn in einem kleineren Ort lebst, findest du Gelegenheit zu kleinen Lesungen, wenn du die Augen offenhältst. Zum Beispiel

- in der Schule, zum Beispiel auf der Weihnachtsfeier
- in einem Jugendzentrum
- in deinem Club/Verein, wenn der Text vom Thema her passt
- bei Feiern deiner Verwandtschaft
- in Bibliotheken
- in deiner Kirchengemeinde
- in deiner Stammbuchhandlung (wenn sie nicht zu groß und anonym ist)
- im örtlichen Literaturbüro

Wenn man sich für eine Lesung bewirbt, geht man zu der Person, die dafür zuständig ist – zum Beispiel der Bibliothekarin, die sich um die Jugendbuch-Abteilung kümmert. Dann schilderst du deine Idee und gibt ihr einige deiner besten Texte, damit sie sich einen Eindruck davon machen kann, was du so schreibst. Sei nicht enttäuscht, wenn es nicht klappt, es haben eben nicht alle Leute ein offenes Ohr für junge Literatur. Wenn du schon ein selbst veröffentlichtes Buch vorweisen kannst, nimm ein Exemplar mit und überreiche es mit einem Flyer, auf dem Infos über den Inhalt und über dich aufgeführt sind.

Am leichtesten ist es, eine Lesung zu organisieren, wenn man sich mit ein paar anderen jungen Autoren zusammenschließt und als Gruppe auftritt. Vielleicht kennst du ein paar Leute von der Schülerzeitung oder aus deiner Klasse, die auch Geschichten oder Gedichte schreiben und Lust hätten, mitzumachen? Am besten funktionieren solche Auftritte, wenn ihr ein richtiges **Konzept** macht und euch ein

Motto überlegt. Das Thema der Lesung und die Texte sollten zu der Umgebung und dem Publikum passen, vor dem ihr lesen wollt. Je spannender das Motto ist und je fantasievoller euer Auftritt ist, desto mehr Spaß haben auch die Zuhörer. Zum Beispiel könntet ihr eine Lesung unter das Thema »Drachen« stellen. Dann könntet ihr den Raum mit gebastelten und gemalten Drachen schmücken, dazu passende Texte schreiben oder aus älteren Manuskripten lesen, die zum Thema passen. Vielleicht serviert ihr ja auch noch Plätzchen in Drachenform und ungewöhnliche Mixgetränke mit drachigen Fantasienamen? Schreckeffekte und der Auftritt eines »echten« Drachens könnten dem Abend dann den ultimativen Kick geben. Ein solches Konzept gehört zu eurer »Bewerbung«, wenn ihr euch eine Lesung verschaffen wollt.

Bei euren ersten Auftritten werden vor allem Freunde, Verwandte und Bekannte kommen und euch anfeuern. Leider haben nur Autoren, die schon ein Buch veröffentlicht haben und schon ein bisschen bekannt sind, auch für Fremde »Zugkraft«. Am besten ihr verteilt Einladungskarten an alle Leute, die ihr kennt, und macht ein paar schön gestaltete Zettel oder **Plakate,** die ihr am schwarzen Brett aufhängen könnt.

Als Übung vor der Lesung sollte man sich den eigenen Text selbst vier- bis fünfmal laut vortragen. Wenn du checken willst, ob du langsam genug liest und gut betonst, kannst du diese Generalprobe mal aufnehmen. Du wirst überrascht sein, wie viel dir dabei auffällt.

Wie komme ich an Preise und Stipendien heran?

Wenn du deine Texte überarbeitet hast und von ihnen überzeugt bist, dann lohnt es sich, ab und zu an einem Literaturwettbewerb teilzunehmen. Mit einer Geschichte oder einem Gedicht etwas zu gewinnen ist gut fürs Selbstbewusstsein und hilft, Rückschläge und Absagen gelassener einzustecken. Im Anhang findest du die wichtigsten Preise und Wettbewerbe, die speziell für Nachwuchsautoren gedacht sind. Einige Ausschreibungen sind aber auch dabei, bei denen professionelle Kinder- und Jugendbuchautoren mit dir konkurrieren (zum Beispiel der Peter-Härtling- oder der Astrid-Lindgren-Preis), so dass die Chancen nicht groß sind. Wenn du einen wirklich guten Text für junge Leser hast, dann solltest du es aber darauf ankommen lassen und trotzdem mitmachen – selbst wenn du nicht den ersten Platz schaffst, wird auf diese Art vielleicht ein Verlag auf dich aufmerksam. In der Jury sitzen neben anderen Autoren nämlich vor allem Lektoren, die die Augen nach neuen Talenten offen halten.

Nicht aufgeführt sind in der Übersicht kleine, regionale Preise. Deshalb solltest du immer mal wieder einen Blick in die Zeitung werfen – dort werden die Ausschreibungen im Kultur- oder Lokalteil veröffentlicht – und in der Schule auf Aushänge achten. Bei solchen Wettbewerben senden sehr viel weniger Leute Texte ein, so dass die Wahrscheinlichkeit, dass du gewinnst, größer ist. Informationen über Ausschreibungen findest du auch in Literaturzeitschriften mit Serviceteil und natürlich im Internet (Adressen siehe Anhang).

Lies dir vor dem Abschicken die genauen Teilnahmebedingungen des Wettbewerbs durch. Meist findest du sie im Internet, wenn nicht, dann kannst du sie gegen einen frankierten Rückumschlag beim Veranstalter anfordern. Üblicherweise musst du deine Geschichten in die Form der Normseite bringen und mehrere Kopien davon einschicken.

Leider kann es frustrierend sein, bei Wettbewerben teilzunehmen, weil man nicht immer Antwort bekommt und oft nie wieder etwas vom Veranstalter hört. Wenn man nicht selbst der oder die Glückliche war, erfährt man praktisch nie etwas über die Texte, die gewonnen haben, kann also nicht vergleichen, in welcher Weise sie besser waren als die eigenen. Da gewöhnlich mehrere hundert oder bei manchen Preisen sogar mehrere tausend Manuskripte eingehen, bedeutet es nicht, dass deine Geschichten oder Gedichte mies waren, wenn du nicht gewinnst.

Fragen und Antworten

Wie merke ich, ob ich Talent habe oder nicht?

»Ich habe immer den Wunsch gehabt, Schriftstellerin zu werden und gleichzeitig angezweifelt, ob ich das kann«, erzählt die junge Autorin Marie-Luise Kunst, die mit einem Romanmanuskript das Münchner Literaturstipendium in der Sparte Kinder- und Jugendliteratur gewann. »Deshalb war es für mich sehr wichtig, Rückmeldung zu haben. Es gab eine alte Frau im Ort, eine Freundin meiner Großmutter – wenn die gesagt hat, dass es gut ist, habe ich ihr geglaubt. Bei meinen Eltern habe ich den Eindruck gehabt, dass sie denken, ich werde eitel, wenn sie mich für meine Texte loben. Von Lehrern oder von dieser alten Frau habe ich viel mehr Bestätigung bekommen.«

Auch Christian Staas, der heute als Journalist arbeitet, kennt diese Zweifel: »Ich schwankte immer zwischen Zweifel und Begeisterung. Es gab Phasen, da dachte ich, es ist etwas ganz tolles, was ich mache. Aber dann habe ich im Vergleich mit anderen Autoren gemerkt, es ist doch noch nicht so gut.«

Vielleicht fragst du dich trotz all der Tipps in den ersten Kapiteln, ob man Schreiben wirklich lernen kann oder ob man nicht jede Menge Talent dafür mitbringen muss. Sprachgefühl und Ideen sind natürlich wichtig, aber mindestens genauso wichtig ist, dass du oft und gerne schreibst, denn nicht nur im Sport macht das **Training** viel aus. Mit jedem Text wirst du ein kleines Stückchen besser. Es kann ja sein, dass einer deiner Klassenkameraden so viel Begabung zum Schreiben hat, dass er den Literaturnobelpreis gewinnen könnte – aber wenn er nicht mal eine Kurzgeschichte fertig schreibt, dann hilft ihm das auch nichts.

Ein Talent wird nicht voll ausgewachsen geboren, sondern man muss es entwickeln. Das macht man, indem man kritisch mit sich selbst ist und ganz bewusst versucht, besser zu werden.

Mit der Frage »Habe ich Talent?« quälen sich übrigens auch viele erwachsene Autoren herum, weil es keine wirklich gute Methode gibt, eine Antwort zu finden. Wenn andere Leute deine Texte toll finden und die Verleger vor deiner Tür Schlange stehen, ist das natürlich ein guter Anhaltspunkt. Aber die Literaturgeschichte ist voll von verkannten Genies, an die niemand glaubte und die erst viel später entdeckt wurden. Man sollte sich die Frage nach seiner Begabung erst stellen, wenn man wirklich vorhat, das Schreiben zu seinem Beruf zu machen. Solange es nur ein Hobby ist, kommt es vor allem darauf an, dass du Freude daran hast.

Hilfe, ich habe eine Schreibhemmung!

Gratuliere, mit diesem Problem bist du in bester Gesellschaft – fast jeder Autor hat irgendwann mal verzweifelt vor Tastatur oder Schreibblock gehockt und sich gefragt, warum die Wörter auf einmal nicht mehr sprudeln. Gründe dafür können zum Beispiel sein, dass du zu hohe Ansprüche an dich stellst. So geht es der Autorin Katrin Stehle zuweilen: »Ich kann gar nicht schreiben, wenn ich das Gefühl habe, ich muss jetzt gut schreiben, es muss ganz genial werden. Dann kommt nichts raus. Oder wenn ich gerade sehr, sehr in Gefühlen gefangen bin, dann wird der Text ziemlich übel.« Und Lina Oppermann, 17, erzählt: »Anfangen ist leicht, Durchhalten ist schwer. Am Anfang kann ich nicht schlafen vor Glück, weil ich so beseelt von meiner eigenen Geschichte bin, fest davon überzeugt, bald ein Meisterwerk in Händen zu halten. Ein paar Wochen später liege ich wach, weil mich die Zweifel an der Qualität des Projektes nicht schlafen lassen. Zweifel auszuhalten, das finde ich am schwierigsten.«

Erwarte nicht von dir, dass du auf Anhieb schreiben kannst wie Suzanne Collins, Stephen King, Ulrike Poznanski oder die Altmeister der Literatur, die ihr in der Schule vorgesetzt bekommt. Alle diese

Autoren sind keineswegs aus dem Nichts gekommen, sie haben eine jahrelange »Lehrzeit« hinter sich. Vergleich dich nur mit Autoren deines Alters!

Ein anderer Grund für einen **Writer's block**, wie die Amerikaner es nennen, kann sein, dass du dich schon zu sehr nach außen orientierst, dass du denkst, andere würden von dir erwarten, dass du so und so schreibst. Vielleicht hast du heftige Kritik einstecken müssen? Oder schielst du zu sehr auf den Buchmarkt? Konzentriere dich darauf, dass du zum Spaß schreibst und du einfach nur das schreibst, was du willst. Du brauchst es nicht mal jemandem zu zeigen, wenn du nicht willst.

Eine Schreibhemmung kann aber auch entstehen, wenn deine Geschichte irgendein Problem hat, zum Beispiel dass die Handlung in eine Sackgasse läuft und du eigentlich noch nicht so recht weißt, wie es weitergehen soll. Vielleicht entwickelt sich die Spannung nicht so richtig, die Hauptfigur ist nicht interessant und lebendig genug oder die Geschichte ist nicht wirklich das, was du schreiben willst. Dein Unbewusstes merkt, dass der Text sich in die falsche Richtung bewegt, schreit Alarm und betätigt sozusagen die Notbremse. »Das kommt ganz oft vor und ist ein Zeichen dafür, dass etwas mit der Idee noch nicht stimmt. Es ist wie ein Knoten, der gelöst werden muss«, meint die Autorin und Journalistin Regina Rusch.

In diesem Fall hilft, noch mal gründlich zu planen und zu überlegen. Deinen Text genau unter die Lupe zu nehmen, Handlung und Personen weiter zu entwickeln und genauer zu definieren als vorher. Dann wird die Geschichte vielleicht klarer in deinem Kopf. Oder du merkst, warum sie noch nicht funktioniert, und deine innere Stimme sagt dir, wie du das ganze umschreiben solltest. Auch sich die Meinung anderer dazu anzuhören kann nützlich sein. Wenn dir ganz und gar die Ideen ausgegangen sind, hilft eine **Brainstorming**-Sitzung, in der du mit ein paar Freunden verrückte Ideen entwickelst, wie es mit deiner Geschichte weitergehen könnte. Sehr nützlich ist es auch, ein **Exposé** zu schreiben, um Klarheit über den Verlauf der Handlung zu gewinnen.

Im schlimmsten Fall – nämlich dann, wenn du gar keine Lust mehr auf deine Story und deine Figuren hast – solltest du die Geschichte ganz aufgeben und etwas **Neues anfangen**. Beim Fantasy-Autor Bjørn Jagnow zum Beispiel war es eine Übergangsphase, die ihn blockierte: »Ich habe über ein Jahr gegen eine vermeintliche Schreibhemmung gekämpft. Irgendwann habe ich erkannt, dass ich nicht mehr so schreiben wollte wie bisher, sondern neue Methoden ausprobieren sollte. Die Schreibhemmung war also keine ›Krankheit‹, sondern schlicht Widerwillen.«

Wenn es einfach dieses grässlich leere weiße Blatt ist, das dich frustriert – dafür gibt es Abhilfe. Probier's doch mal damit:

TRAINING

- **Lockern.** Schreib einfach, was dir ganz spontan einfällt, auch wenn es keinen Sinn ergibt. Nach ein paar Minuten bist du viel lockerer, wetten?
- **Herumspinnen.** So ähnlich kannst du auch an deiner Geschichte weiterarbeiten: Schreib, was dir in den Kopf kommt – auch wenn es der größte Mist ist. Kontrolliere dich nicht, denk nicht zu viel nach. Überarbeiten kannst du später immer noch, und wenn es gar nichts taugt, löschst du es eben.
- **Ausprobieren.** Wenn Du Geschichten schreibst, versuch es doch mal mit einem Gedicht, einem Artikel für die Schülerzeitung oder einer Satire. Wenn du Gedichte schreibst, wieso schreibst du nicht mal stattdessen eine Kurzgeschichte oder ein Essay?
- **Reden.** Tausch dich mit Leuten, die auch schreiben, über das Problem aus.
- **Wechseln.** Versuch mal, in einer anderen Umgebung (im Park, in einem Café), mit einem anderen Schreibgerät (vom Füller zum Computer, vom Computer zum Bleistift) oder zu anderen Uhrzeiten zu arbeiten.

- **Zeit nehmen.** Setze dich wirklich an den Schreibtisch oder dorthin, wo du am liebsten schreibst, lies alte Textteile noch mal, konzentriere dich ganz auf dein Projekt, bis du wieder »drin« bist. Es ist wichtig, am Ball zu bleiben, auch wenn es mal nicht so gut läuft.

Ich schaffe es einfach nicht, meine Texte fertig zu schreiben!

»Ich habe als Jugendliche sehr wenige Texte fertig geschrieben, besonders die Selbsterfahrungs-Geschichten«, erzählt Edith Wiegel. »Viele Projekte habe ich angefangen und dann halbfertig liegenlassen. Kurzgeschichten habe ich zwar oft in einem Rutsch fertig geschrieben, aber ich hatte dann keine Lust mehr, noch mal dranzugehen und sie zu überarbeiten.« So ging es auch Marie-Luise Kunst: »Ich habe immer Geschichten angefangen, aber dann habe ich sie noch mal gelesen und wieder von vorne begonnen. Obwohl ich stundenlang über dem Papier gesessen habe, habe ich als Jugendliche kaum etwas fertig geschrieben – ich war 17, als ich das zum ersten Mal bei einer Kurzgeschichte geschafft habe. Vielleicht, weil ich mich so stark verändert habe in dieser Phase.«

Dass man vieles nicht fertig schreibt ist in der Pubertät ganz normal. Manchmal sprudelt man so vor Ideen, dass man kaum ein paar Absätze oder Seiten der ersten Geschichte zu Papier gebracht hat, wenn bereits die nächsten Ideen nachdrängen. Dann verliert man an dem alten Text das Interesse, um sich dem nächsten zuzuwenden, der dann wieder von einem anderen überholt wird. Selbst erfahrene Autoren haben manchmal damit zu kämpfen. »Es ist eine große Versuchung, von einer Idee zur nächsten zu springen – wenn das eine nicht läuft, fängt man das nächste an. Da muss man abwägen, welche Zweifel berechtigt sind und welche nicht«, meint die Autorin Cornelia Funke. »Ich glaube, man muss sich zwingen, regelmäßig an einem Text zu arbeiten. Sonst passiert das ganz schnell, dass man sich sagt: Oh, mir fällt nichts ein.«

Bevor du das Wort ENDE unter deinen ersten Roman oder die erste längere Erzählung setzen kannst, wirst du wahrscheinlich eine ganze Reihe von unfertigen Texten in der Schublade haben. Wenn man als Schriftsteller noch am Anfang steht, experimentiert man viel herum, bis man seinen Stil gefunden hat, und verwirft viele Ideen und Versuche. Heb diese Texte auf! Manche dieser Fragmente kannst du später »recyclen«, also damals verwendete Personen, Beschreibungen und Ideen in späteren und besseren Storys oder Gedichten einsetzen. Außerdem ist es sehr interessant, sich diese Texte ein paar Jahre später noch mal anzusehen.

Es kann natürlich sein, dass du dich zu einem Meister oder einer Meisterin der kurzen Form entwickelst. So wie es Sprinter und Langstreckenläufer gibt, aber selten jemand beides gut kann, finden sich in der Literatur Schriftsteller, die hervorragende Kurzgeschichten schreiben und damit berühmt geworden sind, aber nie einen Roman in Angriff genommen haben, weil ihnen das einfach nicht liegt. Andere Autoren produzieren ohne erkennbare Mühe Tausend-Seiten-Wälzer à la *Herr der Ringe*, sind aber mit der intensiven Momentaufnahme, wie man sie in Kurzgeschichten findet, überfordert. Mit der Zeit wirst du merken, ob du den »langen Atem«, den man für einen Roman braucht, noch entwickelst, oder ob du tatsächlich bei Kurzgeschichten oder Gedichten bleiben willst. Da Verlage das Thema »unfertige Manuskripte« kennen, schließen sie mit Nachwuchsautoren Verträge nur für fertige Romane ab – im Gegensatz zum Sachbuch, wo man als Autor oft nur eine Idee und ein Probekapitel verkauft.

Ich habe so wenig Zeit zum Schreiben!

In der Schule wird immer mehr Leistung gefordert. Vielleicht kommst du tatsächlich nur in den Ferien richtig zum Durchatmen und dazu, an deinen Geschichten oder Gedichten weiterzuarbeiten. Mach trotzdem mal den Test: Notiere eine Woche lang, was du mit Freistunden in der Schule und deiner Freizeit so anfängst. »Tja, da war ich im Kino oder mit Freunden weg oder hab Musik gehört. Und an diesem Abend hätte ich eigentlich Zeit gehabt, aber da kam die Wiederholung von *Jurassic Park* im Fernsehen …« Vielleicht kannst du doch auf das eine oder andere verzichten, wenn dir das Schreiben wirklich wichtig ist. Wenn nicht, dann weißt du wenigstens, woran du bist. »Zeit zum Schreiben halte ich mir nicht frei, ich nehme sie mir einfach«, erzählt Lina Oppermann. »Das funktioniert wirklich – mittlerweile schreibe ich so regelmäßiger, als ich Hausaufgaben mache. Dafür nehme ich allerdings auch in Kauf, in den großen Pausen noch schnell die Matheaufgaben kritzeln zu müssen.«

Reserviere dir am besten einen bestimmten Nachmittag oder Abend als Schreibzeit, schließlich gehst du auch einmal die Woche zum Judotraining oder zum Gitarrenunterricht. Es ist erst Mal nicht ganz so wichtig, was du schreibst, sonst dass du überhaupt dabei bleibst und dich regelmäßig vor den Computer, deine Schreibmaschine oder deinen Block setzt. Auch wenn du jedes Mal nur ein paar Absätze oder eine Seite produzierst! Besonders wichtig ist das natürlich bei längeren Projekten, damit du »drinbleibst« und der seelische Faden zu deinem Roman nicht reißt.

Schau nicht zu sehr in die Zukunft. Wenn du dir ausmalst, welch eine Arbeit es wird, dieses Buch zu schreiben, und wie viele Monate es dauern wird, dann knickst du vermutlich ein. Setz dir ein erreichbares Ziel, zum Beispiel jeden Tag eine Seite zu schreiben. In einem Jahr schaffst du so immerhin 365 Seiten. Du wirst verblüfft und total stolz sein, wenn du dann plötzlich fertig bist und vor dir der Roman liegt, den du geschrieben hast!

Wenn es dir zu langweilig ist, immer allein zu Hause zu hocken, wenn du an deinen Gedichten oder Storys arbeitest, dann probier doch mal, im Café oder an einem anderen Ort außerhalb deiner Wohnung zu schreiben. Kennst du andere Leute, die sich dem gleichen Wahnsinn verschrieben haben, der sich Literatur nennt, dann ist es sogar noch einfacher. Ihr könnt euch treffen und eure Texte besprechen. Oder euch ein Thema vorgeben, in einer halben Stunde auf dem Papier was zusammenfantasieren und es euch gegenseitig vorlesen. Dann bekommst du gleichzeitig Feedback.

Wo lerne ich Leute kennen, die auch schreiben?

Nein, du bist garantiert nicht die Einzige an deiner Schule, die so ein »komisches Hobby« hat, auch wenn natürlich wesentlich mehr Leute in ihrer Freizeit zu Inline Skates und Mountainbikes greifen statt zum Füller. Wahrscheinlich gibt es sogar in deiner Klasse jemanden, der auch viel liest und Gedichte in der Schublade hat. Vielleicht traut er sich nur nicht, darüber zu sprechen, und hält es lieber geheim. Das kannst du natürlich auch machen, aber es ist sehr spannend, mit anderen Texte zu tauschen, sich gegenseitig Tipps zu geben und über Bücher und das Schreiben zu fachsimpeln. »Ich war mit einem Jungen, der auch schrieb, in der Oberstufe. Ich wusste es von ihm früher als er von mir, weil er schon ein paar Sachen im Selbstverlag veröffentlicht hatte«, erinnert sich der Schriftsteller Andy Green. »Irgendwie sind wir ins Gespräch gekommen und darüber hat sich eine Freundschaft entwickelt. Es war einfach wichtig und schön, auch mal übers Schreiben zu sprechen und sich auszutauschen, ein Wir-Gefühl zu entwickeln. Das kannte ich vorher gar nicht, weil ich immer der einzige in meinem Dorf gewesen war, der sich überhaupt für solche Dinge interessiert hatte.«

Für Katharina Bauer, die schon mit acht Jahren anfing, Gedichte zu schreiben, war der Wettbewerb »Treffen junger Autoren« eine Möglichkeit, aus dem stillen Kämmerlein auszubrechen: »In der Schule hatte ich keine Gegenleser. Beim Treffen junger Autoren habe ich dann einige Leute kennen gelernt, mit denen ich dann Texte per Brief austauschen konnte.« Später baute sie die Schülerzeitung *Goethes Fäustchen* mit auf und schrieb viele Artikel dafür. Bei einer Schülerzeitung engagierte sich auch Claudius Blume, doch zu seiner Autorengruppe fand er durch eine Lesung in der »Romanfabrik« in Frankfurt: »An dem Abend durfte jeder Autor höchstens zehn Minuten lang auf der Bühne seine Texte vortragen, und dieses Limit hat keiner eingehalten. Ich bin dann später herumgegangen und habe mir die Geschichten von den Leuten geholt, um sie fertig zu lesen. Dabei bin ich mit zwei Leuten aus dem Schriftstellerkreis Frankfurt ins Gespräch gekommen und die haben mich dann zu ihrem nächsten Treffen eingeladen.«

Auch Lina Oppermann tauscht sich gerne mit anderen aus: »Ich bin in der Schreibgruppe einer nahegelegenen Uni, und habe dort bisher fast nur gute Erfahrungen gemacht. Es macht richtig Spaß gemeinsam kleine Texte zu schreiben und sich gegenseitig zu ermutigen. Texte aus längeren Projekten, die einem viel bedeuten, sollte man allerdings lieber mal jemandem mit nach Hause geben, statt sie in der Schreibgruppe vorzulesen.«

Wenn du Kontakt zu anderen jungen Autoren suchst, probier's doch einfach mal!

- **Bei der Schülerzeitung.** Erfahrungsgemäß ist sie ein Sammelbecken all derer, die gerne Schreiben und vielleicht sogar von einer Zukunft in den Medien träumen. Ruf doch einfach mal bei denen an und schau auf einer Redaktionssitzung vorbei. Da diese Zeitungsmacher außerdem immer Schreiber, Layouter und Anzeigenverkäufer suchen, die bei ihnen mitarbeiten, werden sie wahrscheinlich gleich versuchen, dich anzuwerben – vielleicht hast du ja Lust mitzumachen?
- **Frag mal deinen Deutschlehrer.** Oft kommt es vor, dass man jahrelang ohne es zu wissen auf dem Pausenhof an jemandem vorbeiläuft, der ebenfalls Texte in der Schublade hat. Deutschlehrer wissen vielleicht, wer von ihren Schülern sich fürs Schreiben interessiert.
- **Aushang am schwarzen Brett.** Brauchst du gar nicht mal unter deinem Namen zu machen, Telefonnummer oder E-Mail-Adresse angeben genügt. Oder – noch spannender – wer interessiert ist, soll an einem besonderen Ort wie einer Mauerritze etc. einen Zettel mit einer Botschaft verstecken. Sei darauf vorbereitet, dass du mehrmals einen Aushang machen musst, bis sich jemand meldet. Nur wenige trauen sich auf Anhieb.
- **Kleinanzeige in der Stadtzeitung oder Posting im Internet.** Vergiss nicht, deine Anzeige oder dein Posting so zu gestalten, dass sie neugierig macht, und gib die Altersgruppe, die du dir vorstellst, mit an! Auch hier wirst du einen langen Atem brauchen und wahrscheinlich mehrmals inserieren oder posten müssen.

- **Über Wettbewerbe und Workshops.** Fast das Beste an Wettbewerben wie »Schüler schreiben« und »Treffen Junger Autoren« ist, dass man viele Leute kennen lernt: Andere Jugendliche, die das gleiche Hobby haben wie du, und Profis aus der Medien- und Verlagswelt. Schick doch einfach mal ein paar Texte ein und schau, was passiert! Auch Seminare und Workshops, ob in der Projektwoche oder außerhalb der Schule, sind gute Kontaktbörsen, um andere Autoren kennen zu lernen, und oft ist die Stimmung toll. Adressen von Veranstaltern und Wettbewerben findest du im Anhang.
- **In Autorenverbänden.** Ja, es gibt ein paar, in denen man auch als Teenager willkommen ist und deren Beiträge man sich gerade noch leisten kann. Du kannst dich dort engagieren, dir Rat holen, an Treffen teilnehmen. Adressen im Anhang.

Soll ich meinen Klassenkameraden sagen, dass ich schreibe?

»Ich habe niemandem Texte gegeben, lange Zeit wusste keiner, dass ich schreibe«, erzählt Claudius. »Bei den Aufsätzen kam es dann raus. Der Wendepunkt war, als wir in Deutsch den *Steppenwolf* gelesen haben und wir die freiwillige Hausaufgabe bekamen, den offenen Schluss zu Ende zu schreiben. Mein Text wurde im Kurs vorgelesen und kam gut weg, er ist dann in der Schülerzeitung veröffentlicht worden. Irgendjemand hatte mir das vorgeschlagen.«

Ist man erstmal als Nachwuchsautor »geoutet«, dann ist es meist die beste Strategie, kein Aufhebens um seine Schreiberei zu machen und es als ganz normales Hobby zu behandeln. Entscheidend für das eigene Image ist nicht das Schreiben – schließlich kann jeder irgendetwas besonders gut, ob es jetzt das Klavierspielen ist oder das Geschichten erzählen – sondern wie man damit umgeht. Die junge Autorin Ingrid Gündisch, die mit zwölf Jahren Kurzgeschichten zu schreiben begann (nicht zuletzt deshalb, weil ihre Mutter Kinder- und Jugendbuchautorin ist und Ingrid sie oft schreibend zu Hause sitzen sah) entschied sich für Zurückhaltung: »Ich wollte in der Schule meine eigenen Texte nicht präsentieren, ich galt sowieso immer als Deutschexpertin und das hat mir gereicht. Vom Treffen junger Autoren, bei dem ich mehrmals dabei war, habe ich nie viel erzählt, außer wenn mich jemand gefragt hat. Ich hatte das Gefühl, dass das relativ schnell auf Unverständnis gestoßen wäre.«

Doch auch wenn man nicht damit hinter dem Berg halten will, kann man sich oft eine Nische schaffen, in der man so akzeptiert ist, wie man ist. So ging es Martin Kroissenbrunner: »Ich war in meiner Klasse der Künstlertyp, mit dem man vorsichtig umgehen musste, der sensibel und schöpferisch ist, der bei seiner Kunst aufblüht – das Klischee erfüllte ich genau, und damit waren alle recht zufrieden.« Ähnliche Erfahrungen machte Katharina Schlender, die an der Hochschule der Künste in Berlin Szenisches Schreiben studiert hat. »Alle fanden das ganz toll, was ich machte, und sie haben sich auch immer meine Theaterstücke angeschaut. Sie haben mich ein bisschen für bekloppt gehalten, aber trotzdem akzeptiert. Ich hatte so eine komische Stellung und konnte mir eigentlich alles erlauben.«

Soll ich meinem Deutschlehrer sagen, dass ich schreibe?

Deutschlehrer sind ein Fall für sich. Einerseits haben sie Germanistik und Literatur studiert, sind den Umgang mit Texten gewohnt und können dich nicht nur mit langweiligen Interpretationen quälen, sondern dir auch wertvolle Tipps geben. Das ist besonders praktisch, wenn du niemanden in deinem Alter kennst, der auch schreibt. Aber du solltest sorgfältig entscheiden, bei welchen deiner Lehrer du dich offenbarst. Im besten Fall ist er oder sie begeistert und wird vielleicht für dich so eine Art von Mentor. So war es zum Beispiel bei der Autorin Siri Lindberg: »Eine Deutschlehrerin, die ich ziemlich früh hatte, hat sich immer sehr dafür interessiert, was ich so schreibe. Die fand das ganz klasse und ich habe sie immer auf dem Laufenden gehalten oder um Rat gefragt, auch als ich in der Oberstufe längst jemand anders in Deutsch hatte. Ich habe sie dann auch später, als ich schon was veröffentlicht hatte, zu einer meiner Lesungen eingeladen und sie hat sich sehr gefreut.«

Aber nicht alle Deutschlehrer sind offen für Schüler, die gerne eigene Texte schreiben. Ihr Universum besteht manchmal vor allem aus Klassikern der Literatur. »Mein Deutschlehrer hat das nicht gewusst, dass ich auch zu Hause schreibe, obwohl er mich manchmal für meine Aufsätze gelobt hat«, erzählt Edith Wiegel. »Ich hatte Angst, dass er sagt, ›Was ist *das* denn?‹ In meinen Geschichten ging es ja um erste Liebe, Küsse und so weiter.«

Im schlechtesten Fall kann es passieren, dass du eine »Schere im Kopf« entwickelst: Wenn du etwas schreibst, denkst du an die Reaktion deines Lehrers, der etwas vielleicht nicht gut findet oder eine bestimmte Schreibregel aufgestellt hat. *Schnipp*, die Idee fällt der Schere zum Opfer. Fast ohne dass du es merkst hemmst du dich selbst und bist nicht mehr offen für Experimente. Also vergiss deinen Lehrer, sobald du aus der Tür des Klassenzimmers gegangen bist, und schreib so wie du magst. Wenn du mit deinem Stil und deinen Themen im Unterricht aneckst, bedeutet das nicht automatisch, dass sie nichts taugen. Diese Erfahrung machte zum Beispiel Uwe Timm, heute ein berühmter Autor. Er fing mit zwölf Jahren an, seinen ersten Roman zu schreiben. »Auch meine Aufsätze damals waren von einer inbrünstigen Länge, die quollen über, so viele Geschichten enthielten sie. Mein Deutschlehrer fand das gar nicht gut, der machte das nur lächerlich«, erzählt Timm, der heute gerade wegen dieser vielen kleinen Nebengeschichten in seinen Romanen beliebt ist. »Ich habe den Typen, weil ich ihn auch sehr gehasst habe und er mich sehr gequält hat, nie wiedergesehen. Aber ich weiß von anderen, dass er Besprechungen meiner Bücher sammelt. Das Makabere ist, dass er sicherlich ganz stolz ist, dass er diese Schriftstellerkarriere ausgelöst hat …«

Nicht wenige Deutschlehrer haben selbst Texte in der Schublade. Christian Staas machte damit gute Erfahrungen: »Da ich ab und zu Kurzgeschichten in der Schülerzeitung veröffentlicht hatte, wusste meine Deutschlehrerin von mir, dass ich schreibe. Ich habe ihr dann mal Texte von mir gegeben, für mich war das eine wichtige Rückmeldung. Es lief aber auch in die andere Richtung – sie hat selbst geschrieben und mir auch ab und zu Sachen von sich gezeigt!«

Es ist aber auch schon vorgekommen, dass sich so eine Art Konkurrenz zwischen dem Lehrer und Nachwuchsautor entwickelt, wenn beide schreiben. Gib dir also ein paar Monate Zeit, um zu entscheiden, ob du deiner Lehrerin genug vertraust, um ihr mal einen Text von dir zu geben. Achtung: Je mehr Leuten du erzählst, dass du auch privat schreibst, desto stärker wird der Leistungsdruck im Deutschunterricht. Du bist schließlich Autor oder Autorin und musst natürlich besonders gut sein, Ehrensache! Dieser Druck, dich zu beweisen, kann dich zwar anspornen, kann aber auch ganz schön nervig werden.

Meine Eltern versuchen mich vom Schreiben abzubringen – was soll ich tun?

»Ich wollte für die Bühne schreiben oder Schauspieler werden«, meint Martin Kroissenbrunner. »Meine Eltern machten sich deswegen die größten Sorgen, weil das ja nicht gerade die sichersten Berufe sind. Sie wollten, dass ich vorher noch etwas mit Menschen mache, Hotelfach zum Beispiel.« Heute ist Martin als Autor und Regisseur erfolgreich. Ähnliche Kämpfe hatte auch Katharina Schlender auszufechten: »In der Schulzeit fanden meine Eltern das okay, aber als ich gesagt habe, ich will jetzt Szenisches Schreiben studieren, da waren sie ziemlich besorgt. Meine Mutter hat das immer unterstützt, mein Vater nicht so. Als die ersten Honorare und Preise eintrafen, hat er es dann aber langsam akzeptiert.«

Wahrscheinlich haben die meisten Eltern das Bild vom armen Poeten im Kopf, in dessen Stube es hineinregnet, und wollen nicht, dass du dir eine »brotlose Kunst« aussuchst. In diesem Fall solltest du betonen, dass du das Schreiben ja nur als kreatives Hobby betrachtest und unbedingt eine Banklehre machen oder Betriebswirtschaftslehre studieren willst. Das hat meist eine sofortige beruhigende Wirkung und du hast etwa bis zu deinem 18. Lebensjahr Ruhe. Was du danach machst, entscheidest sowieso du selbst. Natürlich kann es nichts schaden, wenn du dann schon erste Erfolge vorweisen kannst. Möglicherweise hast du das Schreiben bis dahin auch aufgegeben – das kommt bei jungen Autoren leider häufig vor.

Möglicherweise stammen die Probleme auch daher, dass deine Eltern keinen Bezug zu Texten haben und sich in eurem Haushalt kein einziges Buch findet. Oder sie lesen ganz andere Sachen, als du schreibst, und können mit deinen Texten absolut nichts anfangen. Das ist schwer zu schlucken, bedeutet aber nicht, dass du kein Talent hast oder dich nicht zu einem guten Autor oder einer Autorin entwickeln kannst. Diese Erfahrung machte jedenfalls Katrin Stehle: »Mit 17 habe ich versucht, einen Roman zu schreiben. Ein paar Stellen habe ich auch meinen Eltern vorgelesen. Die Handlung wurde oft unterbrochen von irgendwelchen ausschweifenden philosophischen Betrachtungen über die Blätter am Baum oder über die Liebe und so weiter. Das war bei mir ziemlich extrem. Meine Eltern waren so lauwarm-skeptisch. Danach war ich von meiner Arbeit nicht mehr so überzeugt.« Auch bei ihren Lehrern (die nicht wussten, dass sie schrieb) fand sie nicht viel Rückhalt, in der Realschule sollte sie sogar in Deutschnachhilfe gesteckt werden. Doch ihre Mutter protestierte und so blieb es Katrin erspart. Heute ist sie eine erfolgreiche Autorin.

Versuche beim Schreiben deinen eigenen Weg zu gehen, auch wenn Lehrer und Eltern vielleicht nicht so begeistert von deinen Texten sind. Am besten ist, du baust dir einen Freundeskreis von Leuten auf, die ebenfalls gerne Geschichten oder Gedichte verfassen. Hier findest du den Rückhalt und die Unterstützung, die du brauchen wirst.

Wenn dich der Schreibvirus schwer erwischt hat, dann kann es sein, dass deine Eltern zwar stolz auf dich sind, sich aber darüber beschweren, dass du um Mitternacht noch vor dem Computer kauerst und dich zum Stubenhocker entwickelst. Zum Glück gibt es auch andere Orte als dein Zimmer, an denen man schreiben kann. Schnapp dir ein Schreibheft oder deinen Laptop und setz dich ins Café, in den Park, in die Bibliothek oder in eine ruhige Ecke in der Schule. Falls du zu Hause mit einem Computer arbeitest, wird es dir wahrscheinlich nicht leicht fallen, auf ein anderes Schreibmedium umzusteigen. Doch das ist eine Gewöhnungsfrage. Nach ein paar Tagen Übung hat man sich meist umgestellt.

Soll ich ein Pseudonym wählen?

Wieso nicht? Wenn dir dein echter Name nicht gefällt oder er dir zu schlicht und verwechselbar erscheint, dann leg dir einfach einen neuen zu, unter dem du deine Texte schreibst. Besonders in der Fantasy haben viele Autoren sich für solche Künstlernamen (Pseudonyme) entscheiden. Zu beachten gibt es dabei gar nicht so viel. Wichtig ist, dass der Name sich für dich gut anfühlt, so dass du ihn wirklich als deinen akzeptieren kannst. Außerdem sollte er natürlich klangvoll sein und zum **Genre** passen, in dem du schreibst (zu einem Horrorroman passt »Jason Dark«, zu einem Liebesroman eher »Amélie Duval« oder so).

Rechtliche Formalitäten gibt es keine, du musst dein Pseudonym nirgendwo eintragen lassen. Wichtig ist, dass der Verlag beziehungsweise deine Self-Publishing-Plattform deinen wirklichen Namen kennt, denn er muss ja auch deine Honorare auf dein Konto überweisen, das auf deinen richtigen Namen läuft. Auch im Impressum eines selbst veröffentlichten Buches musst du dein Alibi zumindest teilweise lüften. Wenn du nicht nur deine Mailadresse, sondern auch deine Adresse angeben willst, deine Eltern aber nicht erlauben, dass du ein zusätzliches Schildchen mit deinem Pseudonym an eurem Briefkasten anbringst, kannst du den Trick mit dem »c/o« anwenden. Dann schreibst du, wenn du in Wirklichkeit Amelie Maier heißt und dein Pseudonym »Amélie Duval« ist, ins Impressum:

Amélie Duval
c/o Maier
Straße
Postleitzahl, Ort

Ein bisschen lästig ist, dass du eine zusätzliche Homepage oder Facebook-Seite für deinen neuen Namen brauchst, denn die sind für Autoren fast schon Pflicht.

Darf ich Geschichten, die es schon gibt, weiterschreiben?

Wahrscheinlich hast du ein Lieblingsbuch oder einen Lieblingsfilm, dessen Figuren du besonders magst. Vielleicht würdest du am liebsten die Episode 15 zu StarWars schreiben oder die Figuren aus *Game of Thrones* in deiner Geschichte auftauchen lassen. Mach nur – **Fan Fiction** zu schreiben ist ein großer Spaß. Wenn du solche Texte allerdings veröffentlichen und im Internet mit anderen Fans diskutieren willst, geht das im Prinzip nur mit Zustimmung des Menschen, der das Buch beziehungsweise Drehbuch ursprünglich geschrieben hat, und seines Verlages. Es sind ja immer noch fremde Figuren und Welten, du leihst sie dir nur aus. Daran ändert auch der »Disclaimer« am Anfang des Textes nichts, der bei Fan-Fiction-Geschichten zum guten Ton gehört. Er lautet etwa folgendermaßen: *»Alle Rechte an den Figuren gehören ((Name des ursprünglichen Autors/der Autorin, des Verlags oder der Filmgesellschaft)) und ich habe sie mir nur geborgt. Mit dieser Geschichte verdiene ich kein Geld.«*

Doch keine Sorge, obwohl sie rechtlich bedenklich ist, wird Fan Fiction von vielen Autoren und Verlagen geduldet. Es wäre vermutlich schwierig, dagegen vorgehen zu wollen. Als J. K. Rowlings Verlag einmal versuchte, ein Mädchen wegen Copyrightverletzung zu verklagen, brach ein solcher Sturm von Protesten los, dass die Sache schnell wieder fallen gelassen wurde. Heute fördern Rowlings Verlage die Fan Fiction sogar aktiv mit Wettbewerben. Aber Achtung: es gibt Autoren, die es hassen, wenn zu ihren Büchern Fan Fiction geschrieben wird – das solltest du respektieren.

Ohne Genehmigung erlaubt ist dagegen, wenn du in einer **Satire** die Figuren und Handlung anderer witzig verzerrt benutzen willst. Du kannst dich auch von irgendeinem Buch oder Film inspirieren lassen und daraus dein ganz eigenes Projekt entwickeln. So machte es zum Beispiel Bettina Hübner: »Ich habe immer viel gelesen und mir oft Vorbilder genommen«, sagt sie. »Zum Beispiel habe ich einen Vampir von Anne Rice in einem Gedicht verwendet. Das war aber eine ganz andere Ebene, ich habe weniger die Figur übernommen als ein Bild und die Atmosphäre.«

Manchmal zeigen sich in den eigenen Texten aber auch Einflüsse anderer Bücher, obwohl man es gar nicht gemerkt und nicht mit Absicht getan hat. Dagegen lässt sich wenig tun, weil man in seinem Leben so viele Bücher liest, Filme sieht oder Geschichten hört, dass man unbewusst laufend irgendwelche Anspielungen auf Werke macht, die es schon gibt.

Du kannst Geschichten, die schon zum Kulturgut gehören, frei verwenden. In der Bibel und in der Mythologie wimmelt es nur so von Geschichten, die sich immer wieder neu und anders erzählen lassen. John Steinbeck hat zum Beispiel in *Jenseits von Eden* das alte Thema von Kain und Abel ins Amerika des frühen 20. Jahrhunderts verlegt. Auch das Faust-Motiv, die Geschichte eines Menschen, der einen Pakt mit dem Teufel eingeht, findet sich in der Literatur immer wieder. Goethe ist längst nicht der einzige, der es aufgegriffen hat. Wie man sich kreativ bei Volksmärchen bedient, hat Janosch gezeigt, indem er fünfzig Märchen nacherzählt hat – und zwar ziemlich schräg. Der Held der Geschichte »Der Froschkönig« ist zum Beispiel ein schöner grüner Frosch, dem seine goldene Luftkugel verlorengeht. Ein hässliches Mädchen bietet ihm an, sie ihm zurückzuholen, und wird dann ziemlich aufdringlich. Du kannst dir bestimmt denken, wie es weitergeht und wer von beiden dann an die Wand geklatscht wird …

Das Einzige, was du nicht tun solltest, weil es riesigen Ärger geben würde, ist, wortwörtlich oder leicht umformuliert von jemand anders abzuschreiben und es dann als eigenen Text auszugeben. **Plagiat** ist der Fachbegriff dafür. Wenn du ein – kleines! – Zitat aus einem anderen Werk aufnehmen willst, dann musst du korrekt »zitieren«, das heißt die Sätze in Anführungszeichen setzen und dazuschreiben, von wem und aus welchem Werk sie stammen. Oder die Worte in indirekte Rede wiederholen und Autor, Titel, Verlag und Erscheinungsjahr nennen. Sicherer ist es natürlich, eine Genehmigung einzuholen.

Das gilt auch umgekehrt: Deine eigenen Texte sind vom Urheberrechtsgesetz geschützt – niemand darf dir »klauen«, was du geschrieben hast. Dazu brauchst du kein Copyright beantragen und den Text auch nicht zu veröffentlichen, dein Urheberrecht entsteht automatisch in dem Moment, in dem du den Text schreibst.

Jemand hat mir meine Idee geklaut!

Leider hört man immer häufiger davon, dass von anderen Autoren »geklaut« wird. Das Problem betrifft am häufigsten Sachtexte. Wenn du einen guten Aufsatz über ein bestimmtes Thema ins Netz stellst, riskierst du, dass jemand irgendwo auf der Welt Sätze oder ganze Passagen herauskopiert und als eigene Arbeit ausgibt. Zum Glück sind Lehrer, Professoren und Leser inzwischen geübt darin, solche Plagiate zu entdecken, und du kannst ziemlich sicher sein, dass der Textdieb auffliegt und Ärger bekommt.

Seltener werden ganze Geschichten oder die Ideen aus dem Netz geklaut. Wenn du ein paar deiner Storys ins Internet gestellt hast, dann kannst du ab und zu den Test machen und den Titel oder unverwechselbare Sätze daraus in die Suchmaschine eingeben. Falls du herausfindest, dass jemand die Geschichte verbotenerweise unter seinem Namen online gestellt hat, dann schreib ihm eine superfiese Mail! Ist nur die Idee auffällig ähnlich, dann kannst du leider nicht viel tun.

Wenn du deine Texte und Ideen Verlagen anbietest, gehst du kaum ein Risiko ein. Dort wird seriös gearbeitet. Ein Problem ist Ideenklau nur im Bereich Drehbuch. Dort geht es ja nicht um fertige Texte, sondern es werden Ideen, Themen und Konzepte verkauft. Schützen kannst du dich dagegen kaum, denn Ideen unterliegen nicht dem Urheberrecht, sondern nur das ausgearbeitete Werk, der eigentliche Text. Du kannst Klau verhindern, indem du deinen brillanten Einfall nicht gleich begeistert jedem erzählst, ins Internet stellst oder tausend Verlagen anbietest, sondern ganz gezielt einigen wenigen, denen du einen Vertrauensvorschuss gibst.

Noch viel öfter als zu echtem geistigem Diebstahl kommt es zu Überschneidungen bei Texten, die sich zufällig ergeben. Erfindungen und Entdeckungen werden oft innerhalb von kurzer Zeit von mehreren Leuten gleichzeitig gemacht. Auch im Literaturbetrieb liegen manche Themen einfach »in der Luft« und werden von mehr als einem aufgegriffen und verarbeitet. Sabine E., 16, erzählt: »Nachdem ich ein Manuskript eingeschickt hatte, wurde ein Lektor auf mich aufmerksam und fragte mich, ob ich Lust hätte, ein Jugendbuch zum Thema Hacker zu schreiben. Ich sollte ihm erst einmal ein Exposé liefern. Damals wusste ich noch nicht genau, was das ist, und schrieb einfach drauflos, weil mich das Thema inspirierte. Ein paar Monate später schickte ich ihm ein komplettes Manuskript. Ich erhielt das Ding mit einer Absage zurück, aber ein halbes Jahr später kamen im gleichen Verlag ganz ähnliche Bücher heraus. Meine Eltern waren ziemlich empört, weil wir dachten, der Lektor hätte von mir geklaut. Aber dann stellte sich heraus, dass der Lektor ziemlich zeitgleich mit meiner Einsendung einige Bücher mit Computerthema als Lizenz aus Amerika gekauft und übersetzt hatte.«

Ich habe das Gefühl, dass man mich übers Ohr haut!

Überall dort, wo wie im Literaturbetrieb große Hoffnungen im Spiel sind, versuchen Leute, damit das schnelle Geld zu machen. Es gibt überteuerte Kurse, unseriöse Agenten und Verlage, die sich ihr Geld vom Autor statt vom Buchkäufer holen – und alle sind blendend im Geschäft. Sei vorsichtig, wenn man Geld von dir will, noch bevor eine Leistung erbracht oder ein Erfolg erzielt worden ist. Oder wenn dir der gesunde Menschenverstand sagt, dass du für manche Dinge kein Geld *zahlen*, sondern *bekommen* solltest. Auf der sicheren Seite bist du, wenn du erstmal nichts unterschreibst (du brauchst ja ohnehin das Einverständnis deiner Eltern, um einen gültigen Vertrag abzuschließen).

Wenn du das Gefühl hast, dass du dich gerade bös in eine Ecke manövrierst, dann solltest du dich auf jeden Fall an deine Eltern wenden, so unangenehm das sein kann. Die können dir zwar nicht immer so gut helfen, weil sie vielleicht selbst wenig von der Buchwelt verstehen, aber zumindest werden sie von deinem Ansprechpartner auf der anderen Seite ernster genommen. Außerdem fallen sie dann nicht aus allen Wolken, wenn es wirklich Ärger gibt. Wenn ihr einen Anwalt braucht, dann achtet darauf, dass es jemand ist, der sich auf das Thema Verlags-, Urheber- und Medienrecht spezialisiert hat. Denn jemand, der sich wunderbar im Straf- oder Familienrecht auskennt, aber noch nie das Wort »Copyright« gehört hat, wird euch nicht besonders gut unterstützen können.

Auch seriöse, große Verlage gehen nicht immer besonders sanft mit ihren Autoren um. Sie versuchen sie zuweilen auf unzumutbar niedrige Honorare zu drücken und schreiben bedenkliche Klauseln in die Verträge. Noch haariger wird es für den Schriftsteller, wenn ein Verlag in Konkurs geht oder aufgekauft wird. Guten Rat zum Beispiel zu Verlagsverträgen gibt es zum Beispiel vom Bundesverband junger Autoren und Autorinnen.

Man nimmt mich nicht ernst!

»Ich hatte ein Romanmanuskript an einen Verlag geschickt. Die konnten es zwar nicht verwenden, aber sie fanden den Stil prima und haben mich gefragt, ob ich ihnen ein Sachbuch schreiben könnte«, erzählt die Autorin Sara B. »Klar, habe ich geantwortet und in meinem Brief auch ein paar Informationen über mich beigelegt. Bisher wusste der Lektor nicht, dass ich erst 15 bin. Na ja, ich habe nie wieder was von denen gehört.« Du hast als Jugendlicher im Verlagsgeschäft immer einen »Kuriositäten-Bonus«. Es kommt vor, dass blutjunge Autoren gefeiert werden, gerade weil sie in diesem Alter schon ein Buch veröffentlicht oder einen Literaturpreis gewonnen haben. Leider kommt es auch vor, dass schreibende Jugendliche unabhängig von ihrem Talent nicht ernst genommen werden, wenn sie ein Manuskript einreichen.

Meiner Meinung nach ist es am besten, wenn du im Anschreiben an den Verlag dein Alter nennst. Einerseits deshalb, weil der Lektor oder die Lektorin sehr wahrscheinlich sowieso an deinem Brief merken wird, dass du kein Erwachsener bist. Andererseits, weil du als Jugendlicher meist eine viel nettere und ausführliche Antwort bekommst als ein Erwachsener. Denn die Lektorin würde sich arg herzlos vorkommen, wenn sie einem aufstrebenden jungen Talent nur den üblichen Formbrief schickt.

Vielleicht hast du vor, auf Teufel komm raus schon mit 13 deinen ersten Roman zu veröffentlichen, damit du ins *Guinness-Buch der Rekorde* oder wenigstens in die Lokalzeitung kommst. Wenn du das schaffst, wunderbar. Aber meist ist es besser, wenn man seinem Talent etwas Zeit lässt, sich zu entwickeln, und seinen Text erst ein bisschen ruhen lässt und überarbeitet, anstatt ihn wegzuschicken, kaum dass die Tinte trocken ist.

Wie kann ich das Schreiben zum Beruf machen?

»Ich würde niemandem Mut machen, das Schreiben zu seinem Beruf zu machen. Den Mut muss man selbst haben. Man muss es unbedingt wollen und vom Akt des Schreibens ganz stark fasziniert sein. Wenn man es nicht unbedingt will und nur so mittelmäßig fasziniert ist, dann lässt man es besser«, meint der Autor Dieter Bongartz. »Für mich selbst ist Schreiben wie ein Fluch, der manchmal etwas Paradiesisches hat, manchmal aber auch etwas Höllisches.«

Finde also als Erstes heraus, was du wirklich willst. In diesem Kapitel bekommst du Informationen darüber, was in einem »schreibenden Beruf« auf dich zukommen könnte. Das hilft dir vielleicht bei der Entscheidung.

Gibt es eine Ausbildung für Schriftsteller?

Eine vorgeschriebene Ausbildung zum Autor gibt es nicht. Jeder, der gut schreiben kann, hat eine Chance. Ein Studium – zu was für einem Thema ist eigentlich egal – ist zwar zu empfehlen, aber es muss nicht unbedingt ein Literaturstudium sein. »Ich rate von Germanistik ab, weil es unter Umständen dem Schreiben schadet. Man neigt dann dazu, beim Schreiben den Satz zu zerpflücken. Oder man schreibt nur noch für Germanisten«, gibt Martin Ohrt, Leiter der Jugend-Literatur-Werkstatt Graz, zu bedenken.

Viel entscheidender ist, Lebenserfahrung zu gewinnen. Denn man schreibt immer besser über Dinge, die man selbst kennt und erlebt hat. Wenn man in einer sehr kleinen Welt lebt und nicht viele verschiedene Menschen kennen gelernt hat, muss man seine Fantasie strapazieren. Natürlich kann dieses »Erfahrungen sammeln« auch etwas ausarten – der berühmte amerikanische Schriftsteller Ernest Hemingway und viele seiner Zeitgenossen zum Beispiel brannten darauf, am ersten Weltkrieg teilzunehmen, weil sie sich davon viele Eindrücke versprachen, die sie in ihren Texten verarbeiten wollten. Das funktionierte zwar auch, aber Hemingway hatte danach durch die schrecklichen Erlebnisse einen schweren Knacks weg …

In Amerika gibt es viele Studiengänge *(»Creative writing«)* für angehende Autoren, in Deutschland dagegen kümmern sich nur das Deutsche Literaturinstitut Leipzig und die Universität Hildesheim um Dichternachwuchs. Bekannte Autoren halten Kurse ab, in denen Grundlagen des Schreibens gelehrt werden. Außerdem werden die eigenen Texte der Studenten und Studentinnen in Workshops diskutiert. Zu Anfang war die Buchbranche skeptisch, ob diese »Diplom-Dichter« sich bewähren oder ob es nicht doch eine fragwürdige Idee ist, Schreiben zum Studienfach zu erklären. Doch inzwischen sind einige Absolventen berühmt geworden, das hat dem Ruf des Literaturinstituts gut getan.

Wenn man in Leipzig oder Hildesheim aufgenommen werden will, muss man sich mit einer Arbeitsprobe bewerben und eine Eignungsprüfung bestehen. Wenn du es nach dem Abitur mal versuchen willst, findest du die nötigen Adressen für deine Bewerbung im Anhang.

Willst du Drehbuchautor oder -autorin werden, dann hast du noch einige Möglichkeiten mehr. Mehrwöchige oder -monatige Drehbuchkurse gibt es jede Menge, Infos findest du im Internet unter den Stichworten »Drehbuch« und »Ausbildung«. Außerdem gibt es zahlreiche längere Studiengänge. Nähere Informationen zu diesen Ausbildungsmöglichkeiten kannst du dir beim Verband Deutscher Drehbuchautoren e.V. holen.

Dass es im Vergleich dazu wenige Ausbildungsmöglichkeiten für Schriftsteller gibt, bedeutet leider nicht, dass einem Dichter die Lehrzeit erspart bleibt. Meist muss man viele Jahre lang an seinem Stil arbeiten, bis man »veröffentlichungsreif« schreibt. Nützlich sind auch Kurse und Workshops. Dort bekommst du das nötige Handwerkszeug mit, das du als Autor brauchst.

Weniger überzeugend finde ich die Ausbildung per Fernlehrgang, denn die Qualität der angebotenen Lehrgänge ist sehr unterschiedlich. Mit Slogans wie »Erfolgreich Schreiben« oder »Verwirklichen Sie Ihren Traum« wollen die Anbieter Interessenten anlocken, aber viele Fachleute und ehemalige Teilnehmern beurteilen gerade die Kurse, für die am intensivsten geworben wird, kritisch. Für viel Geld bekommt man von den »Akademien« schulbuchartige Lehrhefte und Aufgaben, die man an die Zentrale einschickt und mit einem Kommentar und Korrekturen zurückbekommt. Es ist also eine Art Deutschunterricht mit anderem Vorzeichen. Zwar kann man auf diese Weise Grundlagen lernen, aber ohne intensive Betreuung (die man eher von den kleineren Anbietern, die auf Qualität achten, bekommt) kann man dieses Wissen nur schwer umsetzen.

Besser ist es, wenn du deine Texte in einer Schreibgruppe mit anderen diskutieren kannst und sofort merkst, wie die Geschichte oder das Gedicht auf andere wirkt. Die reine Theorie kannst du dir aus einem Buch über Kreatives Schreiben (im Anhang empfehle ich ein paar) wesentlich billiger anlesen. Auch von dem »Manuskriptservice«, den die »Akademien« anbieten, die Vermittlung der »gekonnten« Texte an Verlage und Agenturen, sollte man sich nicht zu viel versprechen.

Kann man als Autor oder Autorin vom Schreiben leben?

Leider schaffen das nur wenige Menschen. Es ist bei einem Vertrag ganz schön schwierig, einen Text zu veröffentlichen. Die Honorare sind nicht gerade fürstlich, wenn man davon die Miete und die Telefonrechnung bezahlen, Essen und Klamotten kaufen muss. Das ist bitter, wenn man vergleicht, wie viel Zeit und Arbeit man in so ein Manuskript gesteckt hat. Eine Putzfrau bekommt einen besseren Stundenlohn. Deshalb haben die meisten Schriftsteller eine praktische Lösung gefunden: Sie lernen irgendeinen Beruf, der sie ernährt (deshalb nennt man ihn auch »Brotberuf«) und schreiben in ihrer freien Zeit. Herman Melville, dessen *Moby Dick* sich zuerst schlecht verkaufte, arbeitete als Zollinspektor im New Yorker Hafen. Bernhard Schlink, der mit *Der Vorleser* einen Welterfolg hatte, ist Jurist und arbeitete als Richter des Verfassungsgerichtshofs von Nordrhein-Westfalen. Für manche Autoren mit einem Brotberuf ist das Schreiben ein Hobby, zuweilen verstehen sie es aber auch als Nebenberuf. Diese Lösung hat den Vorteil, dass man nicht den Druck hat, um jeden Preis etwas veröffentlichen und möglichst viel Geld dafür bekommen zu müssen. Auf Dauer kann einem das den Spaß am Schreiben verderben.

Aber ganz so düster ist das Bild auch wieder nicht. Es gibt einige Leute, die es schaffen, sich vom Schreiben recht gut zu ernähren. Das funktioniert so:

a) Du schreibst einen oder mehrere **Bestseller**. Ein Buch, was sich wirklich gut verkauft, bringt seinem Autor zwischen 25 000 Euro und ein paar Millionen ein.
b) Du schreibst so gut und anspruchsvoll, dass dir ständig **Preise und Stipendien** verliehen werden, auch wenn deine Bücher dir kaum Geld einbringen.
c) Du hast **verschiedene literarische Standbeine**. In der Praxis heißt das, dass du alles Mögliche schreibst, nicht nur das, was du gerne schreiben möchtest, und außerdem Lesungen oder Seminare hälst, so dass du meistens deine Miete zahlen kannst. Das nennt sich dann »freier Autor«, weil du bei keiner Firma angestellt bist.

Möglichkeit a) ist schwierig. Einen Bestseller zu schreiben gelingt nur wenigen – die jungen Autoren Jenny-Mai Nuyen oder Benjamin Lebert (der mit zwölf Jahren anfing zu schreiben) haben es geschafft. Man braucht dafür nicht nur Talent, sondern auch sehr viel Glück.

Möglichkeit b) ist ziemlich anstrengend, weil man sich ständig irgendwo bewerben muss. Außerdem ist es schon nicht so einfach, *einen* Preis zu gewinnen; von mehreren können die meisten Autoren nur träumen. Außerdem muss man für viele Stipendien für ein paar Monate in die jeweilige Stadt ziehen, die einem das Geld gibt; dort bekommt man eine Wohnung und ein Taschengeld von etwa 500 bis1500 Euro.

Möglichkeit c) habe ich selbst gewählt: Ich veröffentliche unter meinem Pseudonym Katja Brandis Jugendromane sowie unter meinem richtigen Namen Kinder- und Sachbücher, unterrichte Kreatives Schreiben, coache andere Autoren und lektoriere Manuskripte. Außerdem halte ich Lesungen und Schreibworkshops (die mir großen Spaß machen) und schreibe hin und wieder einen Artikel.

Die Kinder- und Jugendbuchautorin Mirjam Pressler hat sich mit Übersetzungen finanziell ein »zweites Standbein« geschaffen. Andy Green lebte sogar schon während seines Studiums vom Schreiben, er verkaufte regelmäßig Kurzkrimis an Illustrierte und schrieb Heftromane, bevor er zu den Filmbüchern überging. »Ich bekomme eine Drehbuchvorlage, an der ich mich orientieren kann, und habe zwei bis vier Wochen Zeit pro Buch«, berichtet er von seiner Arbeit. »Da ich meist unter Pseudonym schreibe, habe ich schon so viele verschiedene Künstlernamen, dass ich sie mir gar nicht mehr alle merken kann.«

Solange man nicht Dinge schreiben muss, die man aus tiefstem Herzen verabscheut, funktioniert diese Regelung ganz gut. Anstrengend ist der Alltag eines freien Autors, weil man sich immer selbst Aufträge verschaffen muss. Wenn du viel arbeitest, verdienst du viel, wenn du nichts arbeitest, bekommst du nichts, auch kein Arbeitslosengeld. Als Anfänger verdienst du als freier Autor deutlich weniger als zum Beispiel ein festangestellter Journalist, später, wenn du bekannter geworden bist und feste Abnehmer für deine Texte hast, etwa genauso viel.

Was alle diese Autoren ohne Brotberuf gemeinsam haben: Sie bestimmen selbst, wo und zu welchen Uhrzeiten sie arbeiten wollen. Dazu braucht man natürlich ein bisschen Disziplin, weil einen niemand nach dem Motto »Mach jetzt deine Hausaufgaben!« dazu bringt, seinen Roman oder Artikel weiterzuschreiben. Meist hat man jedoch Abgabetermine, die man einhalten muss, weil man sich sonst unbeliebt macht.

Wie wird man Journalist/in?

Zwar gibt es auch für Journalisten keine geregelte Ausbildung und jeder kann sich Journalist nennen, der ab und zu für eine Zeitung, eine Zeitschrift, einen Radio- oder Fernsehsender schreibt. Aber es ist für einen Journalisten kaum noch möglich, ohne ein Studium oder eine Ausbildung in einer Journalistenschule einen Job zu finden. Was du machst, ist eigentlich egal, du kannst genauso gut Anglistik studieren wie Jura, Politologie oder Biologie. Nicht zu empfehlen ist ein Studium der Publizistik oder Journalistik. Denn damit stopfst du dir den Kopf mit Medientheorie voll, ohne durch dein Studium ein besonderes Fachgebiet zu haben, für das du bei der Zeitung Experte oder Expertin bist.

Nach dem Studium musst du dir ein Volontariat suchen, das ist eine ein- bis zweijährige »Lehrlingsstelle« bei einer Zeitung, einer Zeitschrift oder einem Sender. Danach kannst du als Redakteur oder als Reporter arbeiten. Ein Redakteur betreut eine oder mehrere Seiten in einer Zeitung oder eigene Sendungen. Er schreibt Texte, denkt sich Themen aus, beauftragt Autoren, bearbeitet die Beiträge, die er von den Autoren oder Agenturen bekommt, textet Überschriften und macht oft sogar das Layout seiner Seiten. Ein Reporter telefoniert viel herum und ist häufig unterwegs, um Interviews zu führen, sich die Situation vor Ort anzuschauen und dann Artikel darüber zu schreiben.

Nach dem Abitur oder nach einem Studium sind auch Journalistenschulen sehr zu empfehlen. Es gibt sie zum Beispiel in München und in Hamburg. Dort lernt man in einer etwa eineinhalbjährigen, sehr praxisnahen Ausbildung, wie man Nachrichten, Kommentare und Reportagen und so weiter schreibt. Dazu gehören auch mehrere Praktika bei verschiedenen Medien. Absolventen dieser Schulen sind heiß begehrt und finden gewöhnlich sofort eine Stelle. Leider ist es alles andere als einfach, in eine solche Schule aufgenommen zu werden, weil sich buchstäblich Tausende von Leuten auf die wenigen Plätze bewerben. Man muss sich mit ein oder zwei Artikeln zu vorgeschriebenen Themen bewerben und wird dann zu einem Eignungstest eingeladen. Aber lass dich davon nicht abschrecken – wenn du wirklich leidenschaftlich gern Journalist oder Journalistin werden willst, kannst du es schaffen! Im Anhang findest du die Adressen der wichtigsten Journalistenschulen.

Als festangestellter Journalist muss man meist zu ungewöhnlichen Zeiten arbeiten und hat immer viel zu tun, oft auch unter Zeitdruck, aber langweilig ist der Job selten. Wenn du ausprobieren möchtest, ob er dir Spaß machen würde, dann bewirb dich doch einfach mal bei den Lokalzeitungen im Umkreis um einen Praktikumsplatz. Überlege dir vorher, welcher Bereich (»Ressort« nennt der Fachmann sie) dich am meisten interessiert – Lokales, Sport, Feuilleton (Kultur), Wirtschaft oder Politik.

Dabei reicht es nicht, einfach nur eine Bewerbung hinzuschicken. Oft wirkt es besser, wenn du ganz frech mit ein paar deiner Arbeitsproben und einem kurzen Lebenslauf in der Redaktion vorbeigehst und dich vorstellst. Aber Achtung! Am Nachmittag stehen Journalisten meist unter Stress, weil sie dann Redaktionsschluss haben. Anrufen oder vorbeigehen solltest du daher immer am Vormittag oder frühen Nachmittag. »Man kann auch den Fuß in die Tür bekommen, indem man sich ein Thema ausdenkt, möglichst originell natürlich, und den Artikel dann anbietet. So bekommt man als ›freier Mitarbeiter‹, der hin und wieder Beiträge schreibt und von der Redaktion zu Veranstaltungen geschickt wird, einen Fuß in die Tür«, rät der freie Journalist Peter Felixberger, der vor allem für die *Süddeutsche Zeitung* schreibt. »Wenn man gerne fotografiert, dann ist das umso besser, weil man dann gleich Fotos zum Artikel mitliefern kann.«

Wenn du Journalistin werden willst, dann solltest du jetzt schon anfangen, dich bei der Schülerzeitung zu engagieren. Dort bekommst du die wichtigsten Fachbegriffe mit, kannst dein zukünftiges Handwerk üben und außerdem Kontakte knüpfen.

Wie wird man Lektor/in?

Lektoren sind Leute, die in Verlagen für Buchprojekte zuständig sind, meist sind es Frauen. Manchmal werden sie heute auch »Projektmanager« oder »Redakteure« genannt. Sie brüten Ideen für neue Bücher aus, prüfen Angebote ausländischer Verlage und eingesandte Manuskripte, suchen Autoren und nehmen sie unter Vertrag, betreuen diese Autoren und überarbeiten mit ihnen gemeinsam den Text. Wenn das Manuskript fertig ist, organisieren sie alles, was mit diesem Buch zu tun hat – schreiben Vorschau- und Klappentexte, sprechen Werbemaßnahmen ab, arbeiten mit der Herstellungsabteilung zusammen, lassen die Druckfahnen Korrektur lesen, geben ein Register in Auftrag und vieles mehr.

Zwar kommt das Wort »Lektor« vom lateinischen Wort für »Leser«, aber die meiste Zeit verbringt ein Lektor heutzutage nicht mehr mit Lesen oder mit der Arbeit an Texten, sondern mit Organisieren: Beim Büchermachen gibt es schließlich reichlich Termine zu halten, damit das Werk pünktlich erscheinen kann. Das Korrekturlesen und Redigieren (das stilistische Überarbeiten eines Textes), wird meist von einem Redakteur oder freien Lektor erledigt, der nicht fest vom Verlag angestellt ist. Ein solcher freier Lektor arbeitet entweder zu Hause, oder er sitzt mit mehreren anderen Leuten in einem Verlags- oder Redaktionsbüro. Dort kümmert er sich im Auftrag eines Verlages um bestimmte Buchprojekte.

Verlage beschäftigen immer weniger fest angestellte Lektoren. Dadurch stapeln sich auf den Schreibtischen der verbliebenen Lektoren meist die Arbeit und die Manuskripte. Auch freie Lektoren haben es nicht ganz leicht, denn sie müssen sich ständig Aufträge verschaffen und sind nicht über ein festes Gehalt abgesichert. Aber das Schöne an dem Beruf ist, dass man Bücher im Regal stehen hat, die man von Anfang an betreut und verwirklicht hat. Darauf kann man stolz sein!

Wenn du Lektor oder Lektorin werden und du dich auf Literatur spezialisieren willst, solltest du Germanistik, Anglistik, Romanistik oder etwas Ähnliches studieren. Wenn du dich besonders für den Bereich Sachbuch interessierst, solltest du ungefähr das Fach studieren, in dem du später auch Bücher lektorieren willst – von Politologie bis hin zu Betriebswirtschaft oder Chemie. In den Bereich Kinderbuch kommst du zum Beispiel mit einem Germanistik-Studium, man kann in manchen Städten, zum Beispiel Frankfurt, sogar Kinder- und

Jugendbuchforschung studieren. Ganz wichtig ist, dass du noch während des Studiums in einen Verlag hinein schnupperst, dir also ein Praktikum suchst. Dadurch bekommst du Kontakte, über die du später vielleicht einen Job findest, und übst dich in den Aufgaben, die einmal auf dich zukommen werden. Für einen guten, mehrmonatigen Praktikumsplatz lohnt es sich sogar, mit dem Studium zu pausieren (es aber auf keinen Fall abzubrechen, nur mit Abschluss ist man »jemand« in Deutschland!)

Nach dem Studium macht man meist ein »Volontariat«, also eine Lehrzeit, die ein bis zwei Jahre dauert. Danach wirst du »Lektoratsassistent/in«, hilfst also einem Lektor oder einer Lektorin bei seiner Arbeit und betreust selbst schon eigene Buchprojekte. Nach einigen Jahren kannst du dann einen eigenen Lektoratsbereich leiten.

Wie wird man Dramaturg/in?

Der Dramaturg hat im Theater eine ähnliche Funktion wie der Lektor in einem Verlag. Er stellt den Spielplan zusammen und sucht unter den Einsendungen und Agenturangeboten, die er bekommt, nach guten neuen Stücken und Autoren. Anschließend gestaltet er das Programmheft und gibt dem Publikum Einführungen zu den Stücken. Er arbeitet eng mit dem Regisseur zusammen, ist selbst auch Mitglied des Regieteams.

Das Schreiben von Theaterstücken gehört nicht zur Aufgabe des Dramaturgen, obwohl es auch hier Ausnahmen gibt, wie zum Beispiel der Dramatiker Marius von Meyenburg, der Dramaturg und Hausautor an der Berliner Schaubühne ist. Das Bearbeiten von Texten ist dagegen eine der künstlerischen Hauptaufgaben des Dramaturgen, denn kaum ein Stück kommt zur Aufführung wie es der Theaterautor geschrieben hat. Da eine der Hauptaufgaben beim Bearbeiten das Zusammenstreichen des Textes ist, wird die sogenannte »Strichfassung« erstellt. Dramaturgen adaptieren auch häufig Romane und Kurzgeschichten für die Bühne oder den Film, das heißt sie bearbeiten den Text, damit er für das jeweilige Medium geeignet ist. Auch bei

Theaterverlagen, in Rundfunkanstalten und in Film-Produktionsfirmen findet man Dramaturgen, obwohl immer mehr freie Mitarbeiter eingesetzt werden.

Eine Ausbildung für diesen Beruf gibt es nicht, aber die meisten dieser Leute haben Theaterwissenschaft oder Germanistik studiert und danach ein Volontariat bei einem Sender oder in einem Theater gemacht. Wenn du dich für diesen Beruf interessierst, dann solltest du in ein Theater in deinem Ort oder in deiner Stadt gehen und dich mit dem Dramaturgen unterhalten – er kann dir sicher eine Menge Tipps geben.

Wie wird man Texter/in oder PR-Expert/in?

Wenn du nicht nur gerne schreibst, sondern auch vor Einfällen übersprudelst, dann solltest du überlegen, ob du nicht Texter werden willst. Hinter Spots im Fernsehen und Anzeigen in Zeitschriften stecken Leute in Werbe- und Kreativagenturen, die sich den Kopf darüber zerbrochen haben, wie man die »Botschaft« des Produkts am besten unter die Leute bringen kann. Dabei arbeitet man mit Grafik-Designern und Marketingleuten zusammen. Hat man eine besonders witzige Lösung gefunden, die man später in Hunderten von Anzeigen verbreitet sieht, oder sogar einen Slogan geprägt, den alle Leute benutzen, ist das sicher ein ganz besonderes Erlebnis.

Eine geregelte Ausbildung zum Texter gibt es nicht; viele dieser Menschen sind aus ganz anderen kreativen Jobs (mit oder ohne Studium) in diesen Beruf »hineingerutscht«. Man lernt, was man wissen muss, in der Praxis. Auch hier führt der Weg über das Praktikum in einer Agentur – schau doch einfach mal im Internet oder den Gelben Seiten nach und bewirb dich! Vorher solltest du dich darüber informieren (per Internet und telefonisch) was die Agentur genau macht.

Wenn du gerne schreibst, aber auch organisieren kannst, kontaktfreudig bist und dich gut ausdrücken kannst, dann könntest du auch im Bereich »Public Relations« (PR) oder als Presseferent/in arbeiten. Dafür werden immer Leute gesucht, denn in allen größeren Firmen gibt es Abteilungen, die sich darum kümmern, wie eine Firma sich in der Öffentlichkeit darstellt. Dort werden Pressemitteilungen geschrieben, Veranstaltungen (zum Beispiel Pressekonferenzen) organisiert, Fotos in Auftrag gegeben, Informationen über die Firma an die Medien gegeben und vieles mehr. Oft bist du als Pressereferent auch für die Firmenzeitschrift verantwortlich. Deine »Gesprächspartner« sind vor allem Journalisten – mit ihnen musst du den Kontakt pflegen, damit die Firma möglichst oft und positiv in den Medien genannt wird.

Glossar: Fachbegriffe kurz erklärt

Akt Theaterstücke sind entweder »Einakter«, also kürzere Stücke, oder von abendfüllender Länge und in drei größere Teile, die drei Akte, gegliedert. Zwischen ihnen fällt meist der Vorhang, manchmal ist eine Pause. Auch Drehbücher haben häufig eine dreiaktige Struktur, aber hier ist sie unsichtbar (es steht also nicht im Manuskript, welcher Akt gerade dran ist).

Allegorie Traditionsreiche literarische Methode, bei der etwas Abstraktes – eine Idee oder ein Konzept – von einer Person, einem Tier oder einem Objekt verkörpert wird. Beispiel: Justitia mit ihrer Waage als Verkörperung der Justiz/Gerechtigkeit.

Alliteration Überdurchschnittlich viele Wörter mit dem gleichen Anfangsbuchstaben in einen Satz – das ist ein literarischer Kunstgriff. (»Bei Wind und Wetter waltet er seines Amtes«)

Assoziationen Gedankenverknüpfungen zwischen verschiedenen Dingen. So wie du an »Kälte« denkst, wenn du »Winter« hörst.

Anthologie Sammlung von Geschichten oder Gedichten verschiedener Autoren – meist mit gemeinsamem Thema.

Backlist Die älteren, aber noch lieferbaren Bücher eines Verlags bilden die »Backlist«. Wenn sie nicht mehr lieferbar sind, heißt es, sie sind »vergriffen«.

Ballade — Langes Gedicht, das meist ein dramatisches Ereignis erzählt.

Barsortiment — Die »Zwischenhändler« oder »Großhändler« der Buchwelt. Sie kaufen Bücher von den Verlagen und geben sie dann bei Bedarf sehr schnell an den Buchhandel weiter. Der muss dafür zwar etwas mehr zahlen, als wenn er sie beim Verlag bestellt, aber dafür ist das Buch am nächsten Tag da.

Blocksatz — Das Gegenteil von Flattersatz, also links- und rechtsbündig gesetztem Text: Der Computer füllt die Zeilen automatisch mit Leerraum auf, so dass das Schriftbild nicht auf einer Seite »ausfranst«, sondern vom linken bis zum rechten Rand reicht. Dieser Text ist in Blocksatz gesetzt.

Bibliographie — Meistens ist damit die Liste der Veröffentlichungen eines Autors gemeint. So heißt aber auch ein Überblick, welche Bücher es zu einem bestimmten Thema gibt.

Buchpreisbindung — Benzin hat an jeder Tankstelle einen anderen Preis. Bücher kosten (bisher noch) überall das Gleiche. Die gesetzliche Buchpreisbindung soll verhindern, dass Buchkaufhäuser oder Internetgiganten kleine Buchhandlungen mit Niedrigpreisen Konkurrenz machen.

Charaktere/Figuren — Erfundene Menschen in einer Geschichte oder einem Gedicht.

Copyright — Gehört zum Urheberrecht, dem geistigen Eigentum an einem Werk. In Deutschland entsteht das Urheberrecht automatisch, wenn man einen Text schreibt, man braucht sein Werk nicht wie in den USA registrieren zu lassen.

Cover — Titelbild eines Buches oder einer Zeitschrift.

Creative Writing Die handwerkliche Kunst des literarischen Schreibens – in Amerika wird das oft sogar an der Universität unterrichtet, in Deutschland seltener. Hierzulande findet man »Kreatives Schreiben« vor allem an den Volkshochschulen.

Dialog Wörtliche Rede in einem Text, also ein Gespräch zwischen zwei oder mehr Personen. Wenn nur eine Person spricht, nennt man das Monolog.

Dramaturgie Wörtlich: Lehre von Form und Wirkung des Dramas, im übertragenen Sinn die Kunst, eine Handlung zu gestalten.

E-Book Buch, das nicht gedruckt existiert, sondern nur elektronisch »veröffentlicht« worden ist. Man kann es herunterladen oder sich per Mail zuschicken lassen, der Preis wird vom Konto abgebucht.

Epilog Nachwort, Schlussrede

Exposé (Wird ausgesprochen *»Exposee«*) Wenige Seiten lange Erklärung, was für ein Buch man schreiben will. Gibt eine kurze Zusammenfassung des Inhalts.

Fahnen/Umbruch Der Verlag bekommt vom Autor das Manuskript (meist als Word-Datei per Mail) und kann nun den Text »setzen«, ihm also am Computer sein endgültiges Erscheinungsbild geben. Dann wird das ganze in Form von »Korrekturfahnen« oder auch dem sogenannten »Umbruch« ausgedruckt. Jetzt sehen die Seiten schon fast so aus wie später im Buch, aber man kann noch Änderungen vornehmen.

Fettdruck So sieht **»fetter« Text** aus, im Gegensatz zu normalem Text. In Englisch heißt es »bold«.

Flattersatz Flattersatz nennt man es, wenn die Zeilen eines Texts – so wie hier – auf der Seite »ausfransen«, also ungleichmäßig lang sind und nicht wie beim Blocksatz mit Leerzeichen aufgefüllt werden.

Fragment Unfertiger Text

Genre (Wird ausgesprochen wie der erste Teil des Wortes *Chance* und dann -re«). Thematische Einordnungen für Bücher, zum Beispiel »Krimi«, »Fantasy« oder »Science Fiction«.

Ghostwriter Wenn berühmte Leute ein Buch schreiben, dann verfassen sie es oft nicht selbst (meist, weil sie es nicht können). Sie erzählen das, was sie zu sagen haben, einem Ghostwriter, und der schreibt das Buch. Sein Name taucht nirgends auf, und meist erfährt niemand, dass er überhaupt an dem Buch mitgearbeitet hat. Deshalb heißt er »Geisterschreiber«.

Haiku (Wird ausgesprochen *»Hai-qu«)* Alte japanische Lyrikform, mit genauen Regeln.

Hypertext Ein Internet-Text, der Verknüpfungen (Links) enthält. Wenn man sie anklickt, gelangt man auf eine andere Seite oder an einen anderen Ort im Netz. Hypertext kann auch Bilder und Töne enthalten, er ist sozusagen ein Stück »Multimedia«

Impressum Wichtige Informationen auf der ersten Innenseite eines Buches, zum Beispiel wann und wo es gedruckt wurde, von wem das Titelbild stammt. In einer Zeitschrift gibt das Impressum unter anderem Auskunft über Redaktionsadresse und Verantwortliche.

Konkrete Poesie »Visuelle Lyrik«, ein Gedicht, das in seiner Form gleichzeitig das Thema zeigt: Zum Beispiel ein Gedicht über einen Apfel, bei dem die Worte so angeordnet sind, dass sie eine Apfelform bilden.

Kursiv
Schräggestellte Schrift *wie in diesem Beispiel.* Heißt auf Englisch »italic«.

Kurzvita
-> siehe Vita

Layout
Aufbau und Gestaltung einer Manuskript-, Buch- oder Zeitschriftenseite.

Lektor
Derjenige, der im Verlag für ein bestimmtes Buch zuständig ist, alles organisiert, was damit zusammenhängt, und den Autor betreut.

Limerick
Wahrscheinlich aus Irland stammende, humorvolle Lyrikform, die nach speziellen Regeln geschrieben wird.

Linksbündig
Dieser Text ist linksbündig, also auf die
linke Seite ausgerichtet, im Gegensatz zu

rechtsbündigem Text oder

zentriertem Text

Lizenz
Zweitverwertungen eines Buchs, das schon erschienen ist. Das Buch kann zum Beispiel in eine andere Sprache übersetzt werden, es erscheint als Taschenbuch, oder es wird ein Hörspiel daraus gemacht. All diese Verwertungen heißen Lizenzen.

Lyrik
Oberbegriff für alle Arten von Gedichten – vom Sonett über den freien Vers bis hin zum Haiku.

Manuskript
Ein Text in Rohform, in losen Blättern, so wie er vom Autor an den Verlag weitergegeben wird.

Mentor
Ein Erwachsener, der sich für das interessiert, was du machst, und dir hilft, dich weiterzuentwickeln, indem er dir Tipps und Rückmeldung zu deinen Texten gibt, dich fördert und ermutigt.

Metapher
Ein Sprach-Bild. Metaphern sind zum Beispiel »das Haupt der Familie« oder »das Licht der Wahrheit«.

Monolog Wörtliche Rede, aber im Gegensatz zum Dialog spricht hier nur eine Person. Meist hält sie eine Rede oder unterhält sich mit sich selbst. Es gibt auch den »Inneren Monolog«, also die Gedanken, die einer Person durch den Kopf gehen und die der Autor aufgeschrieben hat, als könnte er demjenigen ins Gehirn schauen.

Multimedia Etwas, was mehrere Medien einbezieht: Bilder, Töne, Text etc.

Normseite Eine normale Manuskriptseite, so wie man sie zu Wettbewerben, Verlagen etc. einreichen sollte. Sie hat etwa 1800 Zeichen, also 30 Zeilen x 60 Anschläge (Leerzeichen werden mitgezählt).

Novitäten Neue Bücher, die gerade erst erschienen sind. Zweimal im Jahr, im Herbst und im Frühjahr, präsentieren die Verlage ihre Novitäten in einer Vorschau.

Oxymoron Gegensätzliche Begriffe, die verknüpft werden, zum Beispiel »laute Stille«.

Performance Künstlerische Darbietung.

Plagiat Abschreiben von einem anderen Autor, ohne die Quelle zu nennen.

Plot Englisches Wort für »Handlung«, das sich auch in der deutschen Sprache eingebürgert hat.

Plot point Dramatische Wendepunkte zwischen den einzelnen Akten eines Drehbuchs.

Poetry Slam (Wird ausgesprochen »*Slem*«) »Wettlesen« von (Amateur-) Dichtern, die ihre eigenen Texte vor Publikum vortragen. Findet meist in Kneipen statt.

Pointe (Wird ausgesprochen »Poänte«) Überraschende, oft witzige Wendung am Schluss eines Gedichts oder einer Geschichte.

Preisbindung -> siehe Buchpreisbindung

Printing on demand Methode, per Digitaldruck ein Buch in kleinen Auflagen nach Bedarf zu drucken. Man stellt genau so viele Exemplare her, wie bestellt werden, nicht wie üblich eine größere Menge Exemplare auf einmal, die man dann nach und nach verkauft und in der Zwischenzeit lagern muss.

Prolog »Vorrede« eines Romans oder Theaterstücks.

Prosa Texte, die keine Lyrik sind, also Kurzgeschichten, Romane und Erzählungen.

Protagonist Hauptperson in einem Buch, Held oder Heldin.

Pseudonym Künstlername eines Schriftstellers. Benutzt man, wenn einem der eigene Name nicht gefällt oder nicht zum Text zu passen scheint, aber auch, wenn die Öffentlichkeit nicht erfahren soll, dass man ein bestimmtes Buch geschrieben hat.

Recherche Nachforschungen mit Hilfe von Interviews, Informationssuche in Archiven, Bibliotheken und im Internet.

Redigieren Überarbeiten eines Textes, bei dem man Stil und Struktur verbessert (»das Redigieren« = »die Redaktion« = »der Redakteur«).

Redundanz Überflüssiges, Wiederholungen im Text

Regisseur Derjenige, der ein Stück oder einen Film »inszeniert«, das heißt nach einer schriftlichen Vorlage wie einem Drehbuch oder Theaterstück verwirklicht.

Remission Mit Erlaubnis des Verlags kann ein Buchhändler häufig Bücher, die er nicht verkauft hat, an den Verlag zurückgeben.

Ressort (Wird ausgesprochen »*Ressor*«). Abteilung oder Bereich in einer Zeitungsredaktion wie Politik, Wirtschaft, Feuilleton/Kultur, Sport oder Lokales.

Setting Schauplatz. Kommt aus der Sprache der Drehbuchschreiber.

Sketch Kurzes, witziges »Minitheaterstück«

Sonett Eine alte Lyrikform, die aus genau 14 Zeilen besteht.

Stereotyp Figuren, die schon zum »Abziehbild« geworden sind – die dumme Blondine oder der coole Geheimagent zum Beispiel.

Symbol Ein Bild, das einen tieferen Sinn hat und von einem Gegenstand selbst auf einen größeren Zusammenhang verweist. Beispiel: das Kreuz ist ein Symbol für den Glauben an Christus.

Szene »Kleinster Teil« eines Drehbuchs, Theaterstücks oder Hörspiels. Jedes Mal, wenn der Schauplatz wechselt oder ein »Zeitsprung« stattfindet, beginnt eine neue Szene.

Titel Kann einerseits der Name eines Werkes sein, kann aber aus dem Mund von Buchhändlern und Verlagsleuten auch »Buch« bedeuten. (»Wie viel Titel habt ihr dieses Jahr herausgebracht?«)

Typoskript Kopierfertige Druckvorlagen von einem Manuskript. Der Autor liefert die Seiten so, wie sie später auch im fertigen Buch oder in der Zeitschrift aussehen werden, und der Drucker braucht sie dann einfach nur noch zu vervielfältigen.

Umbruch Die zweite Stufe der Buchentstehung nach den Korrekturfahnen. Noch sind die einzelnen Buchseiten lose, aber sie sehen schon ganz genauso aus, wie sie später im Buch sein werden, und haben auch schon ihre endgültigen Seitenzahlen.

Vergriffen … nennt man ein Buch, wenn alle gedruckten Exemplare verkauft sind.

Verramschen Wenn ein Buch sich ein paar Jahre lang schlecht verkauft, dann wird es billiger abgegeben und landet dann auf den Wühltischen von Kaufhäusern – es wird verramscht. Wird der Verlag das Buch auf diese Weise auch nicht los, wird es eingestampft (»makuliert«), das heißt wieder zu Papier verarbeitet.

Verreißen Vernichtende Kritik an einem Text üben.

Vita / Kurzvita Damit ist einfach eine »Kurzbiographie« in ein paar Sätzen oder auf höchstens einer halben Seite gemeint. Sie wird gelegentlich auch Biobibliographie genannt, das ist ein künstliches Wort, das sich aus »Biographie« (Lebensbericht) und »Bibliographie« (Verzeichnis dessen, was man schon veröffentlicht hat) zusammensetzt.

Volontariat Journalisten- und Lektorenausbildung, meist ein oder zwei Jahre »Lehrzeit« bei einer Zeitung, einer Zeitschrift, einem Sender oder Verlag.

Vorschau Katalog der neuen Frühjahrs- oder Herbst-Bücher eines Verlages. Die Vorschau kommt schon einige Monate vor dem Erscheinen der Bücher heraus. Du bekommst sie in gedruckter Form vom Verlag oder kannst sie auf der Website des Verlages durchblättern.

VLB »**V**erzeichnis **L**ieferbarer **B**ücher«. Früher war es in Form von fetten Wälzern erhältlich, heute existiert es als Datenbank.

Webzine (Literatur-)Zeitschrift, die nur im Internet existiert.

Autorenverbände

Der Bundesverband junger Autoren und Autorinnen (BVjA e.V.) hat sich auf die Fahnen geschrieben insbesonders junge Autorinnen und Autoren zu fördern. Er veranstaltet Wettbewerbe und Lesungen, Seminare und Workshops und gibt Informationsbroschüren heraus. Außerdem können Mitglieder in den Zeitschriften des Verbands (*Konzepte* und *LIMA – Literarisches Magazin*) Texte veröffentlichen. In der Mitgliedszeitschrift *Qwertz* findest du Artikel rund ums Schreiben und Veröffentlichen, Service-Meldungen, zum Beispiel Infos über gerade laufende Wettbewerbe. Es gibt einen kostenlosen Lektoratsservice für Mitglieder und Beratung zu Verlagsverträgen. Über Regionaltreffen kommt man mit anderen Mitgliedern in Kontakt.

Bundesverband junger Autoren und Autorinnen e.V. (BVjA)
Postfach 20 03 03
53133 Bonn
info@jungeautoren.org
www.jungeautoren.org

Auf Austausch und gegenseitige Hilfe setzen auch die »42er Autoren«, sie haben ein geschlossenes und ein offenes Online-Forum, organisieren Treffen, geben einen Literaturkalender heraus, vergeben einen Literaturpreis sowie ein Stipendium und vieles mehr. Wer Mitglied werden möchte (das ist ab 16 Jahren möglich), kann sich mit Textproben und einer Kopie des Personalausweises bewerben.

42erAutoren e.V. – Verein zur Förderung der Literatur e.V.
c/o Amt Putlitz
Zur Burghofwiese 2
16949 Putlitz
vorstand@42er-autoren.de
42er-autoren.de

In den deutschsprachigen Ländern gibt es ebenfalls Autorenverbände, an die du dich wenden kannst, wenn du Fragen hast.

IG Autorinnen Autoren
Literaturhaus
Seidengasse 13
A-1070 Wien
Tel. 0043 / 1 / 52 62 04 4-13
ig@literaturhaus.at
www.literaturhaus.at

VS – Verband deutscher
Schriftstellerinnen
und Schriftsteller
in ver.di
Bundesgeschäftsstelle
Paula-Thiede-Ufer 10
10179 Berlin
Telefon (0 30) 69 56 - 0
info@schriftstellerverband.org
https://vs.verdi.de

Österreichischer
Schriftstellerverband
Kettenbrückengasse 11/1/14
A-1050 Wien
Tel. & Fax 0043 / 1 / 5 86 41 51
office@oesv.or.at
www.oesv.or.at

AdS Autorinnen und Autoren
der Schweiz
Konradstrasse 61
8031 Zürich
Tel. 044 / 350 04 60
sekretariat@a-d-s.ch
www.a-d-s.ch

Andere interessante Verbände:

Erster Deutscher
Fantasy Club e.V.
Wolf-Huber-Str. 8B
94032 Passau
edfc@edfc.de
www.edfc.de

DeLiA –
Vereinigung
deutschsprachiger
Liebesroman-Autorinnen
und -Autoren
Heike Abidi
Katzweillerstr. 40
67731 Otterbach
Tel. 06 301 / 79 34 96
vorstand@delia-online.de
www.delia-online.de

Interessante Websites

Drehbuch

Kinder- und Jugendfilmzentrum in Deutschland
Küppelstein 34
42857 Remscheid
Telefon: 02191 / 794 233
post@kjf.de
www.kjf.de

Verband Deutscher Drehbuchautoren e.V
Charlottenstraße 95
10969 Berlin
Tel.: 030 / 25 76 29 73
info@drehbuchautoren.de
www.drehbuchautoren.de

Theater

Kinder- und Jugendtheaterzentrum in der Bundesrepublik Deutschland
Schützenstr. 12
60311 Frankfurt am Main
Tel. 069 / 29 66 61
zentrum@kjtz.de
www.kjtz.de

Das KJTZ fördert junge Autoren durch ein breites Angebot an Werkstätten, öffentlichen Lesungen, Preisen und Stipendien. Es unterstützt das Festival of Young Playwrights *Interplay Europe*

Adressen von Theaterverlagen findest du auf der Website dieses Verbandes:

Verband Deutscher Bühnen- und Medienverlage e.V.
Hardenbergstr. 2a
10623 Berlin
Tel. 030 / 862 081 61
info@buehnenverleger.de
www.theatertexte.de

Interessante Websites:
www.jugendtheater.net
Infos rund ums Kinder- und Jugendtheater. Zwar eher für Erwachsene gedacht, trotzdem auch interessante Infos für Jugendliche.

Hörspiel

Um eine MP3-Datei auf dem Computer bearbeiten zu können (keine Sorge, das ist ganz leicht), brauchst du ein spezielles Programm. Kostenlos downloaden kannst du zum Beispiel das Programm **»Audacity«** http://audacity.sourceforge.net/

www.hoerspiel.com
Liste aller Sender, die Hörspiele bringen, und die Sendetermine. Hörspiele zum Runterladen, außerdem können Nutzer selbst Hörspiele auf die Site stellen. Informationsaustausch im Forum.

www.hoerspiele.de
Fan-Seite für kommerzielle Hörspiele. News, Hörspiele- und -Bücher im Porträt, Interviews, Forum.

Autorengruppen & Schreibforen im Internet

autorenforum.de

Informationen rund ums Schreiben und Publizieren. In den monatlichen Ausgaben des Tempest gibt es Interviews mit Schaffenden aus allen Bereichen der Verlagswelt. Dazu kommen Schreibtipps und -kurse, Erfahrungsberichte, Rezensionen, Lesetipps über den Buch- und Medienmarkt

fiction-writing.de

Kostenlose Schreibwerkstatt, in der jeden Monat eine Aufgabe gestellt wird. Bevor man selbst einen Text einreichen kann, muss man eine Reihe Kommentare zu Beiträgen anderer geschrieben haben. Die Schreibwerkstatt wird monatlich abwechselnd von erfahrenen Mitgliedern betreut.

schreib-lust-verlag.de

Austausch von Autoren über ein Forum; veranstaltet wird das vom kleinen Schreiblust-Verlag. Jeden Montag wird eine Aufgabe gestellt, und die Texte zum Thema können ab dem 1. des jeweiligen Monats in die Liste gestellt und besprochen werden. Die besten Texte werden veröffentlicht.

tintenzirkel.de

Fantasyautorenkreis mit etwa 90 Mitgliedern. Kern des Tintenzirkel ist eine Mailingliste, in der die Mitglieder sich über ihre Texte und über handwerkliche Fragen des Fantasyschreibens austauschen. Gelegentlich auch persönliche Treffen zur Textdiskussion. Mitglied werden kann jeder, der Fantasy schreibt, unabhängig davon, ob er schon veröffentlicht hat.

dsfo.de

Bietet im Forum Austausch über Schriftstellerthemen, Infos über das Handwerk des Schreibens, Schreibübungen zu verschiedenen Themen (Lyrik und Prosa) und die Möglichkeit, eigene Texte vorzustellen und Rückmeldung dazu zu erhalten.

Schreibforum.de

Die Arbeit an Texten ist ein sensibles Thema und nicht jeder Autor möchte, dass seine Texte öffentlich zu sehen sind. Das bedeutet: Registrierung und anschließende Vorstellung im Forum wird erwartet.

schreibpodium.de

Gelegenheit, eigene Gedichte und Geschichten zu präsentieren und Rückmeldung zu erhalten. Besonders gut ausgebaut bei den Lyrik-Themen, die in verschiedenen Stilrichtungen und Themen gegliedert sind.

schreibnacht.de

Einladung, sich mit anderen Federschwingern auszutauschen, über Bücher zu diskutieren und über Verlagsausschreibungen zu informieren.

wortkrieger.de

»Seit 1999 bieten wir Autoren eine Plattform, auf der sie ehrlich und deutlich kritisiert werden«. Zur Diskussion stellen kann man Kurzgeschichten und Romane in vielen verschiedenen Kategorien (Alltag, Erotik, Fantasy, Horror, Jugend, Krimi, Mundart …). Außerdem gibt es eine »Wörterbörse«, in der man an Schreibspielen teilnehmen kann, eine »Kreativwerkstatt«, in der Schreibaufgaben und Übungen gesammelt sind, und ein Forum für gemeinsame Projekte mehrerer Autoren.

leselupe.de

»Deutschlands größtes Literaturplattform«, bietet die Möglichkeit, Lyrik und Prosa zu veröffentlichen, außerdem Diskussionsforen, eine Schreibwerkstatt, kostenloses Lektorat und in der Rubrik »Leselupe-Wissen« viele Infos für Autoren.

Zeitschriften

Es gibt zwei gute **Fachzeitschriften für Autoren**, in denen du Artikel und Interviews zum Thema Kreatives Schreiben/Buchmarkt findest, *Text-Art* und die *Federwelt*. Außerdem listen diese Zeitschriften, was gerade für Wettbewerbe laufen, welche Anthologie-Projekte Texte suchen und welche Workshops/Veranstaltungen für Autoren stattfinden.

Federwelt
Uschtrin Verlag
Leiterberg. 8
82266 Inning am Ammersee
Tel. 08143 / 3669-700
verlag@federwelt.de
www.federwelt.de

Erscheinungsweise: 6 x jährlich

TextArt
Magazin für Kreatives Schreiben
Redaktion
Postfach 730 119
13062 Berlin
Tel. 030 / 437 466 304
redaktion@textartmagazin.de
www.textartmagazin.de

Erscheinungsweise: 4 x jährlich

Surftipps für Autoren

literaturport.de

Das Online-Portal ist die Informationsquelle Nr. 1 für deutschsprachige Autoren und Autorinnen. Sie können sich im Autorenlexikon eintragen, im aktuellen Verzeichnis von Literaturpreisen, Förderungen für Autoren, Literaturstipendien, Aufenthaltsstipendien informieren. Umfangreiches Verzeichnis von Literaturzeitschriften. Dieses nicht kommerzielle Literaturportal ist aktuell wie kein anderes, es wird öffentlich gefördert, ist unabhängig von Anzeigenkunden und Werbung.

autorenforum.de	Viele Infos und Links. Experten aus vielen Bereichen beantworten Fragen von Autoren. Newsletter »The Tempest«.
autorenforum. montsegur.de	Plattform für veröffentlichte und veröffentlichungswillige Autoren über das Handwerk des Schreibens, Verträge und vieles mehr.
autorenwelt.de	Portal des Uschtrin Verlags. Infos über Weiterbildungs-Angebote, Preise und Wettbewerbe.
boersenblatt.net	Das Onlineportal der Buchbranche ist das Fachmagazin der Mitglieder des Börsenvereins des deutschen Buchhandels - für Autoren, die das Geschäft der Verleger und Buchhändler besser verstehen wollen.
buchmarkt.de	Website des Fachblatts Buchmarkt – dort findet man Nachrichten aus der Branche, Bestsellerlisten und viele andere interessante Informationen.
buecher-wiki.de	Bücher-Wiki des Online-*Versender*s Jokers.
buechereule.de	Große Community, in der Bücher gemeinsam gelesen und rezensiert werden können. Es gibt auch eine Autorenecke zum Austausch übers Schreiben und einen Schreibwettbewerb, zu dem Texte eingeschickt werden können.
leser-welt.de	Buch-Community mit einem Forum, vielen Rezensionen, Interviews.
liesundlausch.de	Community, in der Hörbücher rezensiert werden können.
literaturcafe.de	Berichte über das Literarische Leben, Interviews, Rezensionen, Texte von Gästen, Podcasts, Literaturtermine.
lovelybooks.de	Sehr rege Buch-Community – Rezensionen, Leserunden mit Autoren, Livestream-Lesungen.
lyrikline.org	Ein Projekt des Hauses für Poesie. Zeitgenössische, internationale Poesie multimedial als Originaltext, in Übersetzungen und gesprochen. Außerdem Lyrik-News und Infos.
versalia.de	Literaturportal mit vielen News, Rezensionen mit Schwerpunkt klassische/ernste Literatur.

Schreiben zum Beruf machen

Am Deutschen Literaturinstitut Leipzig können junge Autorinnen und Autorinnen und Autoren ihr **Handwerk des Literarischen Schreibens** gründlich lernen. Das Studium dauert sechs Semester (also drei Jahre) und besteht aus Werkstattseminaren und literaturwissenschaftlichen Vorlesungen. Abschluss ist das »Diplom des Deutschen Literaturinstituts Leipzig«.

Universität Leipzig
Deutsches Literaturinstitut Leipzig (DLL)
Postfach 100 920
04009 Leipzig
Tel. 0341 / 97 30 30 0
dll@uni-leipzig.de
www.deutsches-literaturinstitut.de

Die Uni Hildesheim bietet einen Masterstudiengang »**Kreatives Schreiben und Kulturjournalismus**« an. Im Mittelpunkt steht über sechs Semester die Arbeit an einem eigenen erzählerischen, lyrischen, szenischen, essayistischen oder kulturjournalistischem Projekt, die Arbeit daran nimmt etwa ein Drittel der Studienzeit ein. Ergänzend werden Seminare angeboten und wird Gegenwartsliteratur untersucht. Zugangsvoraussetzung ist ein Bachelorabschluss in einem geistes- oder kulturwissenschaftlichen Studiengang.

Universität Hildesheim
Marienburger Platz 22
31141 Hildesheim
Tel. 05121 / 883-20 504
Kontakt über Kontaktformular auf der Website
www.uni-hildesheim.de

Ausbildungsmöglichkeiten im Bereich **Drehbuch** gibt es viele. Aufgeführt sind nur längere Kurse und Studiengänge, über kürzere Workshops und Seminare kannst du dich im Internet informieren.

Drehbuchakademie an der dffb
Deutsche Film- und Fernsehakademie Berlin GmbH
Potsdamerstr. 2
10785 Berlin
Tel. 030 / 25 75 9-0
info@dffb.de
www.dffb.de
(Zweijähriger Studiengang)

Filmakademie Baden-Württemberg
Akademiehof 10
71638 Ludwigsburg
Tel. 07141 / 969-0
info@filmakademie.de
www.filmakademie.de
(Vierjährige Ausbildung)

Filmschule Hamburg Berlin e.V.
Friedensallee 7
22765 Hamburg
Tel. 040 / 39 90 99 31
info@filmschule-hamburg-berlin.de
www.filmschule-hamburg-berlin.de
(Einjährige Fortbildung)

Hochschule für Film und Fernsehen »Konrad Wolf«
Studiengang Dramaturgie
Marlene-Dietrich-Allee 11
14482 Potsdam
Tel. 0331 / 62 02-0
info@filmuniversität.de
www.hff-potsdam.de
(Vierjähriger Studiengang)

Hochschule für Fernsehen und Film München
Bernd-Eichinger-Platz 1
80333 München
Tel. 089 / 68 957-0
info@hff-muc.de
www.hff-muc.de
(Studiengänge Film und Fernsehspiel, Dokumentarfilm und Fernsehpublizistik, Produktion und Medienwirtschaft)

ifs Internationale Filmschule Köln
Schanzenstr. 28
51063 Köln
Tel. 0221 / 920 188-0
info@filmschule.de
www.filmschule.de
(Dreijähriges Studium für Drehbuchautoren, Filmregisseure und Filmproduzenten)

Einige der wichtigsten **Journalistenschulen** sind:

Kölner Schule – Institut für Publizistik e.V.
Im MediaPark 6
50670 Köln
Tel. 0221 / 99 55 87-0
info@koelnerjournalistenschule.de
www.koelnerjournalistenschule.de
(Speziell für angehende Wirtschaftsjournalisten; Abitur ist Voraussetzung.)

Deutsche Journalistenschule
Hultschiner Straße 8, 4. OG
81677 München
Tel. 089 / 23 55 740
post@djs-online.de
www.djs-online.de
(Voraussetzung ist Abitur)

Henri-Nannen-Schule
Stubbenhuk 10
20459 Hamburg
Tel. 040 / 37 03-23 76
info@journalistenschule.de
www.journalistenschule.de
Die Hälfte der Leute, die aufgenommen werden, sollten einen Studienabschluss haben, die andere Hälfte braucht keine bestimmte Vorbildung, nicht mal Abitur ist vorgeschrieben.

Hier bekommst du weitere Infos über Medienberufe:

AIM KoordinationsCentrum Ausbildung in Medienberufen
Im Mediapark 7
50670 Köln
Tel. 0221 / 5743 360
postfach@aim-mia.de
www.aim-mia.de

Self publishing-Adressen

Hier nur ein paar Adressen von Marktführern in diesem Bereich. Wenn du in der Suchmaschine »Printing on Demand« oder »Selfpublishing« eingibst, wirst du noch viele andere Anbieter finden. Es lohnt sich, die Preise und Leistungen zu vergleichen.

E-BOOK-ANBIETER, DISTRIBUTOREN & COMMUNITYS (AUSWAHL)

bookrix.de	Community, auf der man sein E-Book einstellen, aber auch verkaufen kann.
neobooks.com	Anbieter, der das eigene E-Book an viele verschiedene Händler ausliefert. Einer der Marktführer.
kdp.amazon.com **createspace.com**	Bei KDP kann man sein Buch über Amazon veröffentlichen, es ist aber nur dort lieferbar. Bei CreateSpace kann man aus seinem Werk zum Beispiel ein günstiges Taschenbuch machen lassen.
epubli.de	Anbieter, bei dem man gegen Gebühr sein E-Book oder Hörbuch veröffentlichen und das Buch auch drucken lassen kann.
bod.de	Hat das Printing-on-demand-Verfahren in Deutschland eingeführt, inzwischen auch Plattform für E-Books, die das Unternehmen an Händler ausliefert.
tredition.de	Bietet die Möglichkeit, aus einem Buchprojekt ein Taschenbuch, ein gebundenes Buch und/oder ein E-Book zu machen.
xinxii.de	Distributor, der das E-Book oder Hörbuch an viele verschiedene Händler ausliefert.
ciando.de	Distributor, der das E-Book an viele verschiedene Händler ausliefert.

Dank

Danken möchte ich vor allem Gerd F. Rumler, meinem damaligen Lektor bei Ellermann und meinem derzeitigen Agenten. Ohne seine Begeisterung für das Projekt hätte dieses Buch wohl noch viel länger auf seine Geburt warten müssen. Vielen Dank auch an Manfred Plinke, der die Neuausgabe in seinem Autorenhaus-Verlag möglich gemacht hat und mich dazu angeregt hat, der einstigen *Wörterwerkstatt* eine Grundüberholung zu gönnen.

Es hat Spaß gemacht, dieses Buch zu recherchieren. Deshalb herzlichen Dank an meine Interviewpartner, besonders Arwed Vogel, Katrin Stehle, Martin Ohrt von der Jugend-Schreib-Werkstatt Graz, Henning Fangauf vom Kinder- und Jugendtheaterzentrum, Bjørn Jagnow, Andreas Goetz, Mario Giordano, Cornelia Funke, Claudius Blume und Marie-Luise (Ma-Lu) Kunst. Für ihre Hilfe beim Aktualisieren der Adressen danke ich meinen Praktikantinnen Vanessa Gabrys und Alexandra Mentzel!

Quellen der Beispiele

S. 23: Kirsten Boie, Der *Prinz und der Bottelknabe oder Erzähl mir von Dow Jones,* Oetinger 1997, S. 150

S.28: Ursula Poznanski, *Erebos,* Loewe, 7. Auflage 2011, S. 301

S. 30: Oliver Plaschka, *Das Licht hinter den Wolken,* Klett Cotta 2013, S. 11

S. 32: Cornelia Funke, *Drachenreiter,* Cecilie Dressler Verlag 1997, S. 11

S. 32: Mark Twain, *Tom Sawyers Abenteuer,* Haffmanns 1989, S. 16/17

S. 36: Mario Giordano, *Der aus den Docks. Abenteuer im Hafen,* Rowohlt 1997, S. 25

S. 36: Christoph Scheuring, *Echt,* Magellan 2014, S. 5

S. 37: Joanne K. Rowling, *Harry Potter und der Stein der Weisen,* Carlsen 1998, S. 5

S. 47: Mirjam Mous, *Boy 7,* Arena 2013, S. 7

S. 55: Jeremy Rifkin, »Genetische Diskriminierung: Eine neue Form des sozialen Vorurteils«, Süddeutsche Zeitung, 29. Juni 2000

S. 56: Gerald Durrell, *Nichts als Tiere im Kopf,* Rowohlt 1975, S. 22

S. 56: Milan Kundera, *Die unerträgliche Leichtigkeit des Seins,* Fischer, Frankfurt 1987, S. 42

S. 57: Jenny-Mai Nuyen, *Nijura,* cbj, 5. Auflage 2006, S. 65

S. 59: Peter Handke, *Die Angst des Tormanns beim Elfmeter*, Suhrkamp, Frankfurt, 7. Auflage 1976, S. 10

S. 60: Johannes R. Becher, »Der Dichter meidet strahlende Akkorde«, in: *Deutsche Gedichte. Eine Anthologie.* Hg. Dietrich Bode, Reclam, Stuttgart 1998, S. 275

S. 61: J.D. Salinger, *Der Fänger im Roggen,* Kiepenheuer und Witsch 1962, S. 7 (Zitat wurde von mir redigiert, da nicht zeitgemäß übersetzt)

S. 62: Bruno Brehm, *Aus der Reitschul'!. Ein autobiographischer Roman,* Leopold Stocker Verlag, Jahr und Ort unbekannt, da im Buch nicht angegeben, S. 174

S. 64: Jonathan Swift, *Gullivers Reisen,* Winkler Verlag München 1958, S. 250

S. 68: Charlotte Kerner, *Blueprint,* Beltz & Gelberg 1999, S. 83/84

S. 69: *Der Spiegel* 25/2000, »Blitze aus der Datenwolke« von Gerald Traufetter, S. 162

S. 69: *Der Spiegel* 26/2000, »Die Gen-Revolution« von Rafaela von Bredow und Mathias Müller von Blumencron, S. 79-80

S. 73: Sarah Kirsch, »Wintermusik«, in: *Schneewärme,* DVA, S. 47

S. 74: Anna Asconti, *Unterwegs zu einer wunderbaren Bestimmung in der Zukunft.* Texte 1996-2002, München 2002.

S. 75: Hilde Domin, *Gesammelte Gedichte,* Fischer 1987, S. 294

S. 75: Ezra Pound (1885-1972), »In einer Station der Metro«, aus: *Schon mal gelebt? Amerikanische Gedichte des 20. Jahrhunderts,* Hg. von Hans-Jürgen Heise und Annemarie Zornack, Neuer Malik Verlag 1991, S. 42

S. 76: Hans Magnus Enzensberger, »Ein Hase im Rechenzentrum«, aus: *Zukunftsmusik,* Suhrkamp 1991, S. 91-92

S. 77 (Oxymoron etc.): Günther Waldmann, *Produktiver Umgang mit Lyrik,* S. 165-166, Schneider Verlag Hohengehren 1999

S. 77: Joseph von Eichendorff, »Zwielicht«, aus: *Das große deutsche Gedichtbuch. Von 1500 bis zur Gegenwart,* Hg. Von Karl Otto Conrady, Artemis Winkler 1991, S. 257

S. 77: Cees Noteboom, »Adieu«, aus: *Gedichte,* Suhrkamp 1992, S. 52

S. 79: Gerhard Rühm, »wegwerfgesellschaft«, aus: *Das große deutsche Gedichtbuch. Von 1500 bis zur Gegenwart,* Hg. von Karl Otto Conrady, Artemis Winkler 1991, S. 712

S. 79: Rainer Maria Rilke, »Der Panther«, in: *Das große deutsche Gedichtbuch. Von 1500 bis zur Gegenwart,* Hg. von Karl Otto Conrady, Artemis Winkler 1991, S. 423

S. 80: Ernst Jandl, *ottos mops* und *krieg und so,* aus: *Das große deutsche Gedichtbuch. Von 1500 bis zur Gegenwart,* Hg. von Karl Otto Conrady, Artemis Winkler 1991, S. 706-707

S. 80: Michael Finzer, »Durst«, in: *Seitensprünge,* Hg. von Rita Rosen/ Dietmar Weigel, Verlag Fachhochschule Wiesbaden 1999, S. 97

S. 80: Robert Gernhardt, »Diät-Lied (mit Ohrfeigenbegleitung)«, aus: *Lichte Gedichte,* Haffmanns 1997, S. 39

S. 81: Rainer Maria Rilke, »Der Panther«, in: Hg. Karl Otto Conrady, *Das große deutsche Gedichtbuch. Von 1500 bis zur Gegenwart,* Artemis Winkler, S. 423

S. 82, Matthias Claudius, »Der Tod«, aus: www.gedichte.com

S. 82 Helga M. Novak, »meine Sprache«, aus: *Das große deutsche Gedichtbuch. Von 1500 bis zur Gegenwart,* Hg. Von Karl Otto Conrady, Artemis Winkler 1991, S. 823 (1958)

S. 83 Ingeborg Bachmann, »Reklame«, aus: *Werke,* Hg. von Christine Koschel/Inge von Weidenbaum/Clemens Münster, Piper 1978, Bd. 1, S. 114

S. 84: Lawrence Ferlinghetti, aus: *Pictures of the Gone World,* aus: : *Schon mal gelebt? Amerikanische Gedichte des 20. Jahrhunderts,* Hg. von Hans-Jürgen Heise/Annemarie Zornack, Neuer Malik Verlag 1991, S. 80

S. 85 Dave Etter, »Schneelandschaft«, aus: *Schon mal gelebt? Amerikanische Gedichte des 20. Jahrhunderts,* Hg. von Hans-Jürgen Heise/Annemarie Zornack, Neuer Malik Verlag 1991, S. 110

S. 86: Elke Erb, »Ein Schuldgefühl«, aus: *Das große deutsche Gedichtbuch. Von 1500 bis zur Gegenwart,* Hg. Von Karl Otto Conrady, Artemis Winkler 1991, S. 834

S. 86: Timm Ulrichs, in: *konkrete poesie. deutschsprachige autoren. anthologie,* Hg. v. Eugen Gomringer, Reclam 1972, S. 141

S. 87, Basho, »Ein uralter Weiher…« aus dem Archiv der Deutschen Haiku-Gesellschaft e.V.

S. 87, Johannes Ahne, unveröffentlichtes Haiku aus dem Archiv der Deutschen Haiku-Gesellschaft e.V.

S. 87: Dietmar Weigel, unveröffentlichtes Haiku, Wiesbaden 1995

S. 89: Ernst Fabian, *Es gab einen Lehrer in Lehrte,* Hg. von Günther Debon. Verlag Brigitte Guderjahn, S. 12

S. 90: Shakespeare, Sonett Nr. 18, aus: *Shakespeare's Sonette,* Nachdichtung von Karl Kraus, Diogenes 1977, S. 25

S. 90: Conrad Ferdinand Meyer, »Die Füße im Feuer«, aus: *Deutsche Balladen von den Anfängen bis zur Gegenwart,* Hg. Hans Fromm, Carl Hanser Verlag, 10. Auflage 1985, S. 238ff

S. 92: *Auf uns* (Andreas Bourani – Text & Musik: Andreas Bourani, Julius Hartog und Tom Olbrich, Vertigo/Capitol, Universal Music)

S. 93: *Mein Leben* (Kraftklub – Text: Felix Brummer; Vertigo/Universal Music)

S. 94: *Ich lass für dich das Licht an* (Revolverheld – Text & Musik: Jakob Sinn, Niels Groetsch, Johannes Strate, Kristoffer Huenecke; Universal/Columbia)

S. 95: *Applaus, Applaus* (Sportfreunde Stiller – Text & Musik: Peter Brugger, Rüdiger Linhof, Florian Weber; Universal Music)

S. 96: *M&F* (Die Ärzte – Text & Musik: Farin Urlaub, Hot Action Records)

S. 97: *Tage wie diese* (Die Toten Hosen – Text & Musik: Holst, Frege, Minichmayr; Warner Music)

S. 99: *Von allein* (Culcha Candela – Text & Musik: Hanno Graf, Matthias Hafemann, John Magiriba Lwanga, Lars Barragan de Luyz, Matthaeus Jaschik, Omar Duque, Universal Music)

S. 100: *Perfekte Welle* (Juli – Text & Musik: Andreas Herde, Simon Triebel; Island/Universal Music)

S. 101: *Liebe* (Sido – Text & Musik: Sido Gold, Paul Nza, Marek Pompetzki, Cecil Remmler; Universal Music)

S. 107: Woody Allen, *Manhattan Murder Mystery. Drehbuch,* Diogenes 1994, S. 9

S. 108: Syd Field, *Das Drehbuch. Die Grundlagen des Drehbuchschreibens,* Autorenhaus Verlag, Berlin 2007.

S. 112: Paul Maar, *Kindertheaterstücke,* Oetinger 1984, S. 73-74

S. 115, Alfred Hitchcock, »Die ??? und der Super-Papagei«, Hörspiel-Fassung, Tonstudio Europa, aus: http://www.rocky-beach.com/hoerspiel/superpapagei01.htm

Verlagsanzeigen

»Von der Entwicklung einer Idee für ein Projekt bis zum fertigen Buch mit zahlreichen Beispielen, Anregungen und praktischen Tipps«

Infodienst für Bibliotheken

Sylvia Englert
Handbuch für Kinder- und Jugendbuch-Autoren
Bilderbuch, Kinderbuch, Jugendroman, Sachbuch - schreiben, illustrieren und veröffentlichen

272 Seiten, Hardcover
Dritte Auflage
ISBN 978-3-86671-104-4

Sylvia Englerts Handbuch steckt voller nützlicher praktischer Tipps zu Themen des Schreibens für die ganz unterschiedlichen Zielgruppen und Genres, plus Themen wie die Zusammenarbeit mit Illustratoren und Agenturen, Angebot und Exposé und das Marketing für das eigene Buch. Dazu viele Insider-Tipps zur Zusammenarbeit Verlag-Autor und eine aktuelle Adressliste der Kinder- und Jugendbuchverlage mit ihren Programmen.

Sylvia Englert hat mehr als 70 Bücher in namhaften Verlagen veröffentlicht, darunter zahlreiche Kinder- und Jugendbücher vom Bilderbuch bis zum Jugendroman. Ihre Wandler-Romane (unter dem Pseudonym **Katja Brandis**) haben schon eine Million Auflage erreicht.

---

www.autorenhaus.de